UM OLHAR ALÉM
DAS ESTRELAS

O auxílio e às luzes do plano Espiritual

Emerson Calejon
emersoncalejon@live.com

Citação

"Que eu possa possuir a humildade da gota de chuva que, mesmo sendo apenas uma gota de chuva anônima, sente-se em paz e contente por conseguir refletir a sua luz no brilho infinito da Criação".

Um olhar além das Estrelas

Emerson Calejon

Published by Emerson Calejon, Sr, 2024.

UM OLHAR ALÉM DAS ESTRELAS

First edition. May 25, 2024.

ISBN: 979-8224537709

Written by Emerson Calejon.

Also by Emerson Calejon

A jornada de Allan Karras
A Serenidade Interior
Do outro lado das Estrelas
John River: O último desafio
Luzes e Ensinos do Plano Astral
Mensagens que Auxiliam
O Caminho
Paixões na Madrugada
Palavras que Confortam
Palavras que Libertam
Reflexões de uma Jornada
Além das Estrelas
O Declínio da Coragem
Uma História de Vida
A Gota de Chuva
O Homem frente ao Ego
O Menino e o Maestro
Perguntas e Respostas sobre a vida Espiritual
Aprendendo com a Vida
50 Tons de Pensamentos
Gume de dois Lados
John River: o início da missão
Arte de Viver
O Jardim de Dulcineia
Para onde tenha Sol

Um olhar além das Estrelas

Apresentação

No livro "Além do Um olhar além das Estrelas", teremos a oportunidade de ampliar nosso entendimento sobre o uso da luz para guiar os espíritos e estimular a evolução dos seres humanos. Essa obra é repleta de ensinamentos transcendentais, abordando a influência do plano astral em nossas vidas e seu impacto em nós. Ela traz as palavras de advertência de Jesus, transmitidas pelos Seres de Luz, para a humanidade durante o período de regeneração. Convido a todos a se aventurarem por essas páginas repletas de sabedoria e princípios espirituais. Desejo a vocês uma excelente leitura. Agradeço.

Resumo

Em Um Olhar Além das Estrelas, iremos compreender com mais clareza como as luzes são geradas com o objetivo de estimular o despertar nos seres humanos. Esta é uma leitura que segue princípios espirituais e narra a ação e a influência direta do espaço astral em nossa vida. Nele estão os dados do aviso de Jesus, através dos Espíritos de Luz, para o progresso da humanidade até o ciclo regenerativo. São perguntas e respostas sobre as questões humanas mais angustiosas que, às vezes, não temos a quem perguntar. Além disso, nos ajudam a enxergar com mais clareza as inúmeras possibilidades que o Criador nos oferece no propósito de deixar as dores e as angústias de lado. Uma chance de compreender como são tolas nossas disputas e posses diante de tantos desafios que temos pela frente. Assim, podemos concluir o processo de consolidação no momento adequado.

CAPÍTULO 1
Introdução
Definição do tema

1.1. O que é um olhar além das estrelas? Um olhar além das estrelas representa a busca por significados mais profundos, a exploração do desconhecido e a contemplação do universo para além do que é visível. É a busca por respostas para questões existenciais e espirituais que vão além da compreensão convencional.

1.2. Contexto histórico e cultural Ao longo da história, a humanidade tem buscado respostas para perguntas sobre a origem, o propósito e o significado da vida. Diversas culturas e tradições têm explorado o conceito de um olhar além das estrelas, cada uma contribuindo com sua própria perspectiva e sabedoria.

Importância do tema

2.1. Relevância na sociedade atual Em um mundo cada vez mais conectado, as questões espirituais e existenciais continuam a desempenhar um papel significativo na vida das pessoas. A busca por significado e propósito transcende fronteiras e culturas, impactando a forma como nos relacionamos com o mundo e com nós mesmos.

2.2. Impacto na vida pessoal e coletiva A exploração de um olhar além das estrelas pode influenciar as escolhas individuais, os relacionamentos interpessoais e as dinâmicas sociais. Compreender a importância desse tema pode levar a uma maior consciência e empatia em relação às crenças e experiências espirituais de outras pessoas.

Objetivos do capítulo

3.1. Entender a busca espiritual Este capítulo busca oferecer uma compreensão mais profunda da busca espiritual, explorando suas motivações, desafios e recompensas. Será abordada a diversidade de caminhos espirituais e a importância dessa busca na vida humana.

3.2. Analisar a relação entre ciência e espiritualidade Será realizada uma análise crítica da interação entre a ciência e a espiritualidade, destacando os pontos de convergência e os desafios de reconciliar essas duas perspectivas aparentemente distintas.

3.3. Explorar diferentes perspectivas religiosas Este capítulo também se propõe a examinar as diversas perspectivas religiosas em relação a um olhar além das estrelas, reconhecendo a riqueza e a complexidade das tradições espirituais ao redor do mundo.

Estrutura do livro

4.1. Visão geral dos capítulos subsequentes O livro abordará uma ampla gama de tópicos relacionados à espiritualidade, incluindo figuras históricas, filosofias, práticas espirituais e a interação entre ciência e espiritualidade.

4.2. Conexão entre os tópicos abordados Cada capítulo será interligado, formando uma narrativa coesa que permitirá aos leitores explorar e compreender a complexidade e a beleza de um olhar além das estrelas.

CAPÍTULO 2

Arcanjo Miguel

Origem e Significado

O Arcanjo Miguel é uma figura proeminente na tradição cristã, sendo frequentemente associado à proteção e à justiça divina. Sua origem remonta às escrituras sagradas, onde é descrito como um dos principais arcanjos, responsável por liderar as hostes celestiais contra as forças do mal.

Arcanjo Miguel na tradição cristã

Na tradição cristã, o Arcanjo Miguel é frequentemente retratado como um guerreiro celestial, equipado com armadura e uma espada flamejante. Sua aparição é associada a momentos de conflito espiritual e proteção divina, sendo invocado como defensor dos fiéis e combatente das forças malignas.

Representações e simbolismo

As representações artísticas do Arcanjo Miguel muitas vezes o mostram derrotando o demônio ou protegendo os crentes de perigos iminentes. Seu simbolismo está ligado à coragem, à justiça e à vitória sobre as forças das trevas, sendo uma fonte de inspiração e proteção para os devotos.

Papel e Funções

O Arcanjo Miguel desempenha diversos papéis e funções dentro da espiritualidade cristã, sendo reconhecido como um protetor, guerreiro espiritual, intercessor e líder das hostes celestiais.

Protetor e guerreiro espiritual

Como protetor e guerreiro espiritual, o Arcanjo Miguel é invocado para oferecer proteção contra influências malignas, auxiliar na superação de desafios e fortalecer a fé dos crentes. Sua presença é vista como um escudo contra as forças do mal e um exemplo de coragem espiritual.

Intercessor e líder das hostes celestiais

Além de seu papel como protetor, o Arcanjo Miguel é considerado um intercessor, ou seja, alguém que intercede em favor dos fiéis perante Deus. Sua liderança das hostes celestiais o coloca como uma figura de autoridade e inspiração para aqueles que buscam orientação espiritual e proteção divina.

Retrato Biográfico
Arcanjo Miguel
Papel e Funções
Intercessor e líder das hostes celestiais

Além de seu papel como protetor, o Arcanjo Miguel é considerado um intercessor, ou seja, alguém que intercede em favor dos fiéis perante Deus. Sua liderança das hostes celestiais o coloca como uma figura de autoridade e inspiração para aqueles que buscam orientação espiritual e proteção divina.

Arcanjo Miguel em Diferentes Culturas

Embora o Arcanjo Miguel seja mais conhecido na tradição cristã, figuras semelhantes podem ser encontradas em outras religiões e culturas ao redor do mundo. Sua influência transcende fronteiras religiosas e exerce impacto na espiritualidade contemporânea.

Comparação com figuras semelhantes em outras religiões

Em algumas tradições judaicas, o Arcanjo Miguel é considerado um dos principais defensores do povo de Israel, desempenhando um papel semelhante ao encontrado no cristianismo. Além disso, figuras análogas podem ser encontradas em outras religiões, muitas vezes associadas à proteção e à justiça divina.

Influência na espiritualidade contemporânea

A presença do Arcanjo Miguel na espiritualidade contemporânea se manifesta através de práticas de invocação, orações e representações artísticas. Sua imagem é frequentemente associada à coragem espiritual, proteção divina e superação de desafios, sendo uma fonte de inspiração para muitos buscadores espirituais.

CAPÍTULO 3

Sidarta Gautama (Buda)

Vida e Ensinamentos

Sidarta Gautama, mais conhecido como Buda, nasceu por volta de 563 a.C. em Lumbini, no que é hoje o Nepal. Sua juventude foi marcada por um estilo de vida luxuoso, protegido de qualquer sofrimento ou dificuldade. No entanto, ao testemunhar a velhice, a doença e a morte, Sidarta sentiu um profundo chamado espiritual que o levou a abandonar sua vida de conforto em busca de respostas para o sofrimento humano.

Após anos de busca e prática espiritual, Sidarta atingiu a iluminação sob uma figueira Bodhi, tornando-se Buda, o Iluminado. Sua jornada espiritual o levou a desenvolver os Quatro Nobres Verdades, que são a base do ensinamento budista. Essas verdades afirmam a existência do sofrimento, sua origem, a possibilidade de cessação do sofrimento e o caminho para alcançar essa cessação, conhecido como o Caminho Óctuplo.

Filosofia Budista

A filosofia budista é fundamentada em três conceitos-chave: Anicca (impermanência), Dukkha (sofrimento) e Anatta (não-eu). Esses conceitos refletem a compreensão budista da natureza humana e do sofrimento inerente à existência. A impermanência é vista como uma característica fundamental de todas as coisas, levando ao reconhecimento do sofrimento como uma parte inevitável da vida. Além disso, a noção de não-eu desafia a ideia de uma identidade permanente e imutável, promovendo a compreensão da interconexão de todos os seres.

O Budismo também enfatiza a prática da meditação como um meio de desenvolver a consciência e a compaixão. Através da meditação, os praticantes buscam alcançar a iluminação e a libertação do ciclo de sofrimento e renascimento, conhecido como samsara.

Impacto e Legado

Após atingir a iluminação, Buda compartilhou seus ensinamentos, atraindo seguidores e estabelecendo uma comunidade monástica. O budismo se espalhou pela Índia e, posteriormente, por outras partes da Ásia, influenciando profundamente a espiritualidade e a filosofia em todo o mundo.

O legado de Buda é evidente na disseminação do budismo e na diversidade de tradições e práticas que surgiram a partir de seus ensinamentos. Além disso, a filosofia budista teve um impacto significativo na compreensão da natureza humana, do sofrimento e da busca pela iluminação em contextos globais, influenciando pensadores, filósofos e líderes espirituais ao longo da história.

CAPÍTULO 4

Aprendendo com a Vida

Experiências de Vida

A vida é repleta de experiências que nos proporcionam aprendizados tanto a nível pessoal quanto coletivo. Cada desafio, cada conquista e cada obstáculo enfrentado contribuem para o nosso crescimento e desenvolvimento. As experiências de vida nos ensinam lições valiosas, moldam nossa visão de mundo e influenciam nossas interações com os outros.

Os aprendizados pessoais provenientes das experiências de vida são essenciais para o nosso amadurecimento emocional e psicológico. Ao enfrentar desafios, como a perda de um ente querido, uma doença grave ou uma mudança drástica na vida, somos confrontados com nossas próprias limitações e fortalezas. Esses momentos nos permitem refletir sobre nossas ações, nossas escolhas e nossas prioridades, levando-nos a uma maior compreensão de nós mesmos e do mundo ao nosso redor.

Além disso, as experiências de vida também têm um impacto significativo no contexto coletivo. Através do compartilhamento de experiências, podemos aprender com as vivências dos outros, desenvolvendo empatia, compaixão e solidariedade. As histórias de superação, resiliência e sucesso inspiram e motivam não apenas o indivíduo, mas também a comunidade em que está inserido.

Reflexão e Autoconhecimento

A prática da autorreflexão é fundamental para o desenvolvimento pessoal e espiritual. Ao reservarmos um tempo para refletir sobre nossas ações, pensamentos e emoções, somos capazes de identificar padrões de comportamento, crenças limitantes e áreas de melhoria. Através da reflexão, podemos nos tornar mais conscientes de nós mesmos e do impacto que causamos no mundo ao nosso redor.

O autoconhecimento é um processo contínuo de descoberta e aceitação de quem somos. Através da reflexão e da prática de mindfulness, meditação e outras técnicas de autoconhecimento, podemos explorar nossa essência, nossos valores e nossos propósitos. Esse processo nos permite alinhar nossas ações com nossas aspirações mais profundas, promovendo um maior senso de integridade e autenticidade.

Desenvolver-se pessoal e espiritualmente requer coragem e disposição para enfrentar nossas próprias sombras e limitações. Através da reflexão e do autoconhecimento, somos capazes de transformar nossas fraquezas em forças, nossos medos em coragem e nossas dúvidas em confiança. Esse processo de autodescoberta nos conduz a uma jornada de crescimento e evolução constante.

Aprendizados Espirituais

As experiências de vida estão intrinsecamente ligadas ao nosso crescimento espiritual. Cada desafio, cada alegria e cada perda nos oferece a oportunidade de expandir nossa consciência e compreensão do propósito e significado da vida. Os aprendizados espirituais provenientes das experiências vividas nos convidam a refletir sobre questões existenciais e a buscar respostas para as grandes indagações da humanidade.

A conexão entre as experiências de vida e o crescimento espiritual é evidente quando nos deparamos com momentos de profunda transformação interior. A superação de desafios, a prática da compaixão e o cultivo da gratidão são exemplos de aprendizados espirituais que emergem das experiências cotidianas. Esses momentos nos convidam a transcender as limitações do ego e a reconhecer a interconexão de todas as formas de vida.

Compreender o propósito e significado da vida é uma jornada pessoal e única para cada indivíduo. Através das experiências vividas, somos desafiados a questionar, explorar e redefinir nossas crenças e valores, buscando um sentido mais profundo e autêntico para nossa existência. Os aprendizados espirituais nos convidam a viver de forma mais consciente, compassiva e alinhada com nossos princípios mais elevados.

CAPÍTULO 5

A Importância da Sabedoria Científica

Explorando o Conhecimento Científico

A ciência é um campo de conhecimento que se baseia em métodos e abordagens sistemáticas para compreender o mundo natural. Através da observação, experimentação e análise, os cientistas buscam descobrir padrões e leis que regem os fenômenos do universo. Os métodos científicos incluem a formulação de hipóteses, a coleta de dados, a realização de experimentos controlados e a interpretação dos resultados. Essa abordagem rigorosa e metódica permite que a ciência avance de forma confiável e progressiva, contribuindo para o desenvolvimento do conhecimento humano.

Além disso, as contribuições da ciência para a sociedade são inúmeras. Através da aplicação do conhecimento científico, a humanidade foi capaz de desenvolver tecnologias avançadas, curar doenças, melhorar a qualidade de vida e compreender melhor o mundo que nos cerca. Desde a revolução industrial até os avanços na medicina e na exploração espacial, a ciência tem sido fundamental para o progresso e bem-estar da humanidade.

Integração com a Espiritualidade

Embora a ciência e a espiritualidade sejam frequentemente vistos como campos opostos, há uma crescente compreensão da importância de uma abordagem holística do universo. A ciência busca compreender os aspectos físicos e naturais do mundo, enquanto a espiritualidade busca explorar os aspectos metafísicos e transcendentais. No entanto, muitos estudiosos e pensadores contemporâneos reconhecem que ambas as perspectivas podem oferecer insights complementares sobre a natureza da realidade.

Os pontos de convergência entre ciência e espiritualidade são cada vez mais evidentes. A física quântica, por exemplo, desafia nossa compreensão tradicional da realidade, abrindo espaço para interpretações que ecoam conceitos espirituais de interconectividade e consciência universal. Da mesma forma, a ecologia profunda e a biologia evolutiva oferecem uma visão integrada da vida e da natureza, que ressoa com muitas tradições espirituais que celebram a interdependência de todas as formas de vida.

Ética e Responsabilidade

À medida que a ciência avança, surgem questões éticas e responsabilidades associadas às suas descobertas e aplicações. A aplicação ética da ciência envolve considerações sobre o impacto das descobertas científicas na sociedade e no meio ambiente. Por exemplo, avanços na engenharia genética levantam questões sobre a manipulação genética e os limites éticos da intervenção humana na natureza.

Além disso, o impacto das descobertas científicas na sociedade é um tema de grande relevância. A tecnologia, impulsionada pelo conhecimento científico, tem transformado a forma como vivemos, trabalhamos e nos relacionamos. A inteligência artificial, a biotecnologia e a nanotecnologia são apenas alguns exemplos de áreas em que as descobertas científicas têm um impacto significativo, levantando questões sobre privacidade, segurança e equidade social.

CAPÍTULO 6
A Sabedoria do Espírito
Natureza do Espírito

A natureza do espírito é um tema complexo que tem sido objeto de reflexão e estudo ao longo da história da humanidade. A espiritualidade pode ser entendida como a busca por significado, propósito e conexão com algo maior do que nós mesmos. Ela muitas vezes envolve a exploração da essência espiritual que transcende as preocupações materiais e cotidianas.

A espiritualidade também pode ser vista como uma jornada de autoconhecimento e crescimento pessoal, na qual indivíduos buscam compreender e nutrir sua dimensão espiritual. Essa busca pode se manifestar de diferentes formas, dependendo das crenças e práticas de cada pessoa, mas geralmente envolve uma conexão com o divino, o transcendente ou o sagrado.

Caminhos para a Iluminação

Os caminhos para a iluminação são variados e podem ser encontrados em diversas tradições espirituais ao redor do mundo. Práticas espirituais e meditativas desempenham um papel fundamental nesse processo, oferecendo ferramentas para a busca da transcendência e conexão espiritual.

A meditação, por exemplo, é uma prática comum em muitas tradições espirituais, permitindo que os praticantes cultivem a atenção plena, a calma interior e a consciência espiritual. Além disso, rituais, cerimônias e práticas devocionais também são utilizados como meios de alcançar estados elevados de consciência e conexão com o divino.

Compreensão do Eu Interior

A compreensão do eu interior é essencial para o desenvolvimento da consciência espiritual. Autoconhecimento e autotransformação são processos que envolvem a exploração das camadas mais profundas da psique humana, buscando compreender as motivações, os medos, as alegrias e as dores que moldam a experiência individual.

A jornada rumo à compreensão do eu interior pode ser facilitada por práticas como a introspecção, a terapia, o aconselhamento espiritual e o estudo de textos sagrados. Esses recursos oferecem ferramentas para a reflexão, a cura emocional e o crescimento pessoal, contribuindo para a expansão da consciência espiritual e o florescimento do eu interior.

CAPÍTULO 7
Sobre a Religião
Diversidade Religiosa

A diversidade religiosa é uma característica marcante da sociedade humana, refletindo a pluralidade de crenças, rituais e tradições ao redor do mundo. As principais religiões do mundo abrangem uma ampla gama de sistemas de crenças, desde o monoteísmo até o politeísmo, e desempenham um papel significativo na vida das pessoas.

Cada religião possui suas próprias crenças e práticas religiosas distintas, que moldam a identidade e a visão de mundo de seus seguidores. Essas tradições religiosas variam em sua abordagem em relação ao divino, à moralidade e à conduta humana, contribuindo para a riqueza da diversidade religiosa observada globalmente.

Religião e Sociedade

O impacto da religião na cultura e na política tem sido uma força motriz ao longo da história da humanidade. As crenças religiosas frequentemente influenciam as normas sociais, os valores morais e as estruturas de poder em uma sociedade. Além disso, a religião desempenha um papel fundamental na formação de identidades coletivas e na organização de comunidades.

Questões éticas, como justiça social, direitos humanos e responsabilidade ambiental, muitas vezes têm raízes nas tradições religiosas e nas interpretações teológicas. A interseção entre religião e sociedade é complexa e multifacetada, moldando as dinâmicas sociais e políticas em todo o mundo.

Espiritualidade Além das Religiões

A espiritualidade não está restrita às estruturas e dogmas das religiões institucionalizadas. Muitas pessoas buscam uma conexão espiritual e uma compreensão mais profunda da existência além das fronteiras de uma religião específica. Essa busca por uma espiritualidade individualizada pode se manifestar de várias formas, incluindo práticas meditativas, rituais pessoais e uma apreciação da natureza e das artes.

Compreender a espiritualidade além das religiões tradicionais envolve explorar a diversidade de experiências espirituais e reconhecer a validade de diferentes caminhos para a transcendência e o significado. A espiritualidade individual e coletiva pode ser uma fonte de inspiração, consolo e transformação para muitos, independentemente de suas afiliações religiosas.

CAPÍTULO 8
Cidades Espirituais
Visão das Cidades Espirituais

As cidades espirituais são conceitos que transcendem a realidade física e material, sendo associadas a lugares de elevada vibração espiritual e conexão com o divino. Esses locais são frequentemente descritos como espaços onde a energia espiritual é intensa e palpável, proporcionando experiências únicas aos visitantes e residentes.

Conceito de cidades espirituais

O conceito de cidades espirituais remonta a diversas tradições religiosas e filosóficas ao redor do mundo. Esses lugares são considerados como centros de iluminação espiritual, onde a busca pelo autoconhecimento e transcendência encontra um ambiente propício para florescer. A ideia de cidades espirituais também está associada à noção de que tais locais servem como portais entre o mundo terreno e o plano espiritual, permitindo uma interação mais direta entre os dois.

Relatos e interpretações de cidades espirituais

Ao longo da história, inúmeras tradições e relatos místicos descreveram a existência de cidades espirituais em diferentes partes do mundo. Esses relatos frequentemente apresentam narrativas de encontros com seres iluminados, experiências de cura e renovação espiritual, e a sensação de estar em um espaço onde os véus entre o visível e o invisível se tornam mais tênues. As interpretações desses relatos variam de acordo com as crenças e perspectivas espirituais de cada tradição, mas a essência da busca por esses locais permanece como um tema comum.

Você Sabia?

As cidades espirituais são frequentemente descritas em diferentes tradições e relatos místicos ao redor do mundo. Elas representam locais de encontros com seres iluminados, experiências de cura e renovação espiritual, e a sensação de estar em um espaço onde os véus entre o visível e o invisível se tornam mais tênues. Esses relatos e interpretações variam de acordo com as crenças e perspectivas espirituais de cada tradição, mas a busca por esses locais permanece como um tema comum.

Explorando Cidades Místicas

Além dos relatos e interpretações, a busca por cidades espirituais também se manifesta na exploração de lugares sagrados e místicos ao redor do mundo. Esses locais, muitas vezes associados a eventos milagrosos, aparições divinas e fenômenos inexplicáveis, atraem peregrinos e buscadores espirituais em busca de conexão e transcendência.

Lugares sagrados e místicos ao redor do mundo

Diversas tradições espirituais possuem locais sagrados que são considerados como pontos de convergência entre o céu e a terra. Exemplos incluem o Monte Kailash no Tibete, considerado sagrado em várias tradições religiosas, e as pirâmides de Gizé no Egito, associadas a mistérios e conhecimentos ancestrais. Além disso, há também locais de peregrinação em diferentes religiões, como Jerusalém, Varanasi e Meca, que desempenham um papel central na espiritualidade de milhões de pessoas em todo o mundo.

Experiências espirituais em cidades místicas

A visita a esses lugares frequentemente proporciona experiências espirituais profundas, que vão desde a sensação de paz e plenitude até encontros transformadores com a divindade. Muitos relatos de peregrinos descrevem momentos de epifania, cura emocional e renovação espiritual ao vivenciar a atmosfera única desses locais. A conexão com a história e a tradição espiritual também desempenha um papel significativo nessas experiências, enriquecendo o significado e a profundidade das vivências espirituais.

Cidades Espirituais na Cultura Popular

Além de sua presença nas tradições religiosas e nas experiências individuais, as cidades espirituais também exercem influência na cultura popular, permeando a literatura, a arte, o cinema e outras formas de expressão cultural.

Representações de cidades espirituais na literatura e na mídia

A ideia de cidades espirituais inspirou inúmeras obras literárias e cinematográficas, muitas vezes retratando esses locais como cenários de aventuras místicas e descobertas espirituais. Desde a lendária Shambhala nas tradições orientais até a mítica Avalon na mitologia celta, as representações de cidades espirituais na cultura popular despertam a imaginação e a busca por significados mais profundos na vida cotidiana.

Influência das cidades espirituais na cultura contemporânea

A influência das cidades espirituais na cultura contemporânea se estende além das obras de ficção e fantasia, permeando também a esfera do desenvolvimento pessoal e espiritual. Muitas pessoas buscam inspiração em narrativas sobre esses locais para alimentar sua própria jornada espiritual, encontrando paralelos simbólicos entre as experiências ficcionais e suas próprias buscas por significado e transcendência.

CAPÍTULO 9
Falsos Profetas
Identificação de Falsos Profetas

A identificação de falsos profetas é uma questão crucial na espiritualidade e na sociedade em geral. Existem características e comportamentos comuns que podem ajudar a reconhecer esses indivíduos que se apresentam como mensageiros de uma verdade superior, mas que na realidade buscam outros interesses.

Alguns dos comportamentos comuns dos falsos profetas incluem a manipulação emocional, a busca por poder e controle sobre os seguidores, a exploração financeira em nome da espiritualidade, e a propagação de mensagens que visam semear o medo e a divisão.

O impacto das falsas profecias na sociedade pode ser devastador. Quando as pessoas são enganadas por líderes espirituais fraudulentos, isso pode levar a conflitos, desilusão, perda de confiança e até mesmo danos psicológicos e emocionais. Além disso, o prestígio e a credibilidade de tradições espirituais legítimas podem ser prejudicados.

Consequências das Falsas Profecias

As consequências das falsas profecias vão além do impacto individual e podem se estender para a sociedade e a cultura como um todo. Em nível individual, as falsas profecias podem gerar ansiedade, desespero e sentimentos de desamparo, especialmente quando promessas de cura, prosperidade ou salvação não se concretizam.

Socialmente, as falsas profecias podem criar divisões e conflitos, especialmente quando seguidores fanáticos buscam impor suas crenças sobre outros ou quando surgem disputas por liderança e poder dentro de grupos espirituais. Além disso, a desilusão causada por falsas profecias pode levar a um aumento do ceticismo em relação a todas as formas de espiritualidade, o que pode prejudicar comunidades e tradições legítimas.

Culturalmente, as falsas profecias podem influenciar a percepção pública sobre a espiritualidade e a religião, levando a estereótipos negativos e a uma visão distorcida das práticas espirituais legítimas. Isso pode afetar a liberdade religiosa e a tolerância, criando tensões e conflitos em sociedades pluralistas.

Prevenção e Educação

A prevenção de falsas profecias requer um esforço conjunto da sociedade, das instituições educacionais e das comunidades espirituais. A educação para o pensamento crítico e o discernimento é fundamental para capacitar as pessoas a avaliar as mensagens espirituais de forma racional e cuidadosa.

Além disso, as instituições têm um papel importante na prevenção de falsas profecias, seja por meio da regulamentação de práticas espirituais e religiosas, seja pela promoção da transparência e prestação de contas por parte dos líderes espirituais. A criação de mecanismos de denúncia e proteção dos direitos dos seguidores também é essencial para evitar abusos e manipulações.

A conscientização sobre os riscos das falsas profecias e a promoção de um diálogo aberto sobre as práticas espirituais e religiosas podem ajudar a criar uma cultura de responsabilidade e discernimento, onde as pessoas estejam mais bem preparadas para identificar e resistir a mensagens enganosas.

CAPÍTULO 10

Introdução ao plano espiritual

Definição do plano espiritual

O plano espiritual é uma dimensão não física que transcende a realidade material. Nele, a essência espiritual se manifesta de forma plena, livre das limitações do corpo e do tempo. É um espaço de pura energia e consciência, onde a natureza espiritual se revela em toda a sua magnitude.

Conceito de plano espiritual

O conceito de plano espiritual está intrinsecamente ligado à compreensão da natureza espiritual e das dimensões que a compõem.

Natureza espiritual

A natureza espiritual é a essência divina que habita em cada ser, conectando-o à fonte primordial de amor e sabedoria. Ela transcende a existência física e se manifesta através de valores como compaixão, bondade e solidariedade.

Dimensões espirituais

As dimensões espirituais são os diferentes níveis de consciência e energia que compõem o plano espiritual. Elas representam estágios de evolução e permitem a expansão da consciência para além da realidade material.

Características do plano espiritual

O plano espiritual apresenta características singulares que o distinguem do plano terreno, proporcionando um ambiente propício para o desenvolvimento espiritual e a busca pela verdadeira essência.

Ausência de limitações físicas

No plano espiritual, não há as limitações impostas pelo corpo físico, como a dor, a fome e a sede. A liberdade espiritual permite a plena expressão do ser, sem as restrições do mundo material.

Energia espiritual

A energia espiritual permeia todo o plano espiritual, sustentando a vida e possibilitando a interação entre os seres. Essa energia é pura e amorosa, emanando a essência divina que nutre a alma e promove a harmonia universal.

Consciência expandida

A consciência no plano espiritual se expande para além da compreensão racional, permitindo a percepção de verdades profundas e a conexão com a sabedoria universal. Nesse estado de consciência expandida, a compreensão do propósito da existência se revela de forma clara e plena.

Você Sabia?

Características do plano espiritual

Consciência expandida

A consciência no plano espiritual se expande para além da compreensão racional, permitindo a percepção de verdades profundas e a conexão com a sabedoria universal. Nesse estado de consciência expandida, a compreensão do propósito da existência se revela de forma clara e plena.

Relação entre o plano espiritual e o plano terreno

O plano espiritual e o plano terreno estão interligados por uma complexa teia de relações e influências mútuas. A interação entre esses planos é fundamental para o desenvolvimento e a evolução do ser humano.

Interconexão entre os planos

A interconexão entre os planos espiritual e terreno se dá por meio de uma série de canais e portais que permitem a comunicação e a troca de energias entre essas realidades distintas. Essa interligação é essencial para a manutenção do equilíbrio e da ordem cósmica.

Influência espiritual na vida terrena

A influência espiritual na vida terrena se manifesta de diversas formas, desde a inspiração artística e intelectual até a orientação moral e ética. Os seres espirituais atuam como guias e mentores, auxiliando os indivíduos em sua jornada de crescimento e aprendizado.

Propósito da interação entre os planos

O propósito da interação entre os planos é promover a evolução espiritual e a expansão da consciência, tanto a nível individual quanto coletivo. Essa troca de experiências e conhecimentos contribui para o enriquecimento mútuo e o fortalecimento dos laços que unem todas as formas de vida.

CAPÍTULO 11

A atuação direta do plano espiritual em nossas vidas

Manifestações do plano espiritual

A atuação direta do plano espiritual em nossas vidas se manifesta de diversas formas, sendo essencial compreender e reconhecer tais manifestações para uma jornada espiritual consciente e plena. As manifestações espirituais podem ser percebidas através de sinais e intervenções que transcendem a realidade material, conectando-nos com a dimensão espiritual que nos cerca.

Sinais espirituais

Os sinais espirituais são expressões do plano espiritual que se manifestam em nosso cotidiano, muitas vezes de forma sutil e subjetiva. Entre esses sinais, destacam-se os sonhos e visões, que representam um canal de comunicação entre o plano espiritual e a consciência humana. Através dos sonhos, somos capazes de receber mensagens, orientações e insights provenientes do mundo espiritual, proporcionando-nos compreensão e clareza em relação a aspectos de nossa jornada terrena.

A sensibilidade espiritual também se configura como um sinal relevante do plano espiritual em nossas vidas. A capacidade de perceber energias, pressentir acontecimentos e sentir a presença de entidades espirituais são exemplos dessa sensibilidade, que nos conecta com a esfera espiritual de forma íntima e profunda.

Intervenções espirituais

Além dos sinais, as intervenções do plano espiritual se fazem presentes para oferecer proteção, amparo e orientação em nossa jornada terrena. A proteção espiritual atua como um escudo de defesa, resguardando-nos de influências negativas e fortalecendo nossa energia espiritual, promovendo um ambiente de equilíbrio e segurança em meio às adversidades do mundo material.

Os guias espirituais, por sua vez, desempenham um papel fundamental ao nos acompanhar e orientar em nossa trajetória terrena. Dotados de sabedoria e amor incondicional, essas entidades espirituais nos oferecem suporte, inspiração e direcionamento, auxiliando-nos a tomar decisões alinhadas com nosso propósito espiritual e evolutivo.

Fatos e Estatísticas Rápidos

Manifestações do plano espiritual

Intervenções espirituais

Além dos sinais, as intervenções do plano espiritual se fazem presentes para oferecer proteção, amparo e orientação em nossa jornada terrena. A proteção espiritual atua como um escudo de defesa, resguardando-nos de influências negativas e fortalecendo nossa energia espiritual, promovendo um ambiente de equilíbrio e segurança em meio às adversidades do mundo material.

Os guias espirituais, por sua vez, desempenham um papel fundamental ao nos acompanhar e orientar em nossa trajetória terrena. Dotados de sabedoria e amor incondicional, essas entidades espirituais nos oferecem suporte, inspiração e direcionamento, auxiliando-nos a tomar decisões alinhadas com nosso propósito espiritual e evolutivo.

Influência nas decisões e ações

A atuação direta do plano espiritual não se restringe apenas a manifestações, estendendo-se à influência moral, orientação espiritual e às consequências das escolhas que realizamos em nossa jornada terrena. Essa influência se revela como um convite à reflexão, ao autoconhecimento e à busca por uma vida pautada em valores espirituais elevados.

Influência moral

A influência moral proveniente do plano espiritual nos convida a agir de acordo com princípios éticos e compassivos, promovendo o bem, a justiça e a solidariedade em nossas interações e decisões. Essa influência nos impulsiona a cultivar virtudes como a honestidade, a bondade e a tolerância, contribuindo para a construção de um mundo mais harmonioso e amoroso.

Orientação espiritual

A orientação espiritual se manifesta como um farol em meio às incertezas e desafios da vida, oferecendo-nos clareza, discernimento e inspiração para trilhar um caminho alinhado com nossa missão espiritual. Através da meditação, da prece e da conexão interior, podemos sintonizar-nos com essa orientação, permitindo que a sabedoria espiritual nos guie em nossas escolhas e ações.

Consequências das escolhas

O plano espiritual atua de forma a nos recordar que cada escolha realizada reverbera não apenas em nossa realidade imediata, mas também em nossa evolução espiritual. As consequências de nossas escolhas refletem-se em nosso crescimento interior, influenciando o rumo de nossa jornada e a construção de nosso destino espiritual. Dessa forma, somos convidados a agir com responsabilidade, discernimento e amor, cientes de que somos co-criadores de nossa realidade espiritual.

CAPÍTULO 12
Mensagens de alerta de Jesus pelos Espíritos de Luz
A importância das mensagens de alerta

A importância das mensagens de alerta enviadas por Jesus através dos Espíritos de Luz é de extrema relevância para a orientação espiritual e o desenvolvimento moral e ético da humanidade. Essas mensagens representam um chamado à reflexão e à transformação interior, visando o progresso espiritual e a evolução individual e coletiva.

Conteúdo das mensagens

As mensagens de alerta transmitidas pelos Espíritos de Luz, sob a inspiração e orientação de Jesus, abordam uma variedade de temas essenciais para a compreensão da natureza humana e para a promoção do amor, da paz e da fraternidade entre os seres. Esses conteúdos visam despertar a consciência para a importância do autoconhecimento, do perdão, da compaixão e da busca pela verdadeira felicidade interior.

Temas abordados

Dentre os temas abordados nas mensagens de alerta, destacam-se a importância do amor incondicional, a superação das dificuldades, a prática da caridade, a valorização da vida e a compreensão da lei de causa e efeito. Além disso, tais mensagens também enfatizam a necessidade de cultivar a humildade, a gratidão, a paciência e a perseverança diante dos desafios e provações da existência terrena.

Instruções para a transformação

As mensagens de alerta não apenas apontam para os aspectos fundamentais da jornada espiritual, mas também oferecem orientações práticas para a transformação interior. Por meio de conselhos e exemplos inspiradores, tais mensagens incentivam a busca pela renovação íntima, o cultivo de virtudes nobres e a construção de um caráter sólido e compassivo, alinhado com os ensinamentos de Jesus e os princípios universais da espiritualidade.

CAPÍTULO 13

Perguntas e respostas sobre os dilemas humanos

Explorando os dilemas humanos

A vida humana é permeada por uma variedade de dilemas que desafiam a compreensão e a resolução. Esses dilemas podem se manifestar de diferentes formas, incluindo dores emocionais e conflitos morais, que testam a capacidade humana de lidar com as adversidades e tomar decisões éticas.

Natureza dos dilemas

Os dilemas humanos têm raízes profundas na experiência emocional e moral. As dores emocionais, como a perda, a tristeza e a angústia, representam desafios significativos para a saúde mental e o bem-estar psicológico. Por outro lado, os conflitos morais surgem das escolhas complexas que exigem ponderação sobre o que é certo e o que é errado, muitas vezes envolvendo questões éticas e valores pessoais.

Dores emocionais

As dores emocionais são parte integrante da jornada humana e podem surgir de eventos traumáticos, relacionamentos interpessoais ou desafios existenciais. Lidar com essas dores requer uma abordagem sensível e compassiva, que reconheça a validade das emoções e busque caminhos para a cura e a superação.

Conflitos morais

Os conflitos morais refletem a complexidade das decisões humanas, muitas vezes envolvendo escolhas difíceis entre o que é ético e o que é conveniente. Esses dilemas podem gerar conflitos internos e exigir um exame profundo dos valores e princípios que orientam a conduta humana.

Compreendendo as respostas espirituais

A visão espiritual dos dilemas humanos oferece uma perspectiva ampliada que transcende as limitações do mundo material. Ao considerar os dilemas à luz da espiritualidade, é possível encontrar respostas que promovam o crescimento interior e a evolução da consciência.

Visão espiritual dos dilemas

A visão espiritual dos dilemas humanos reconhece a natureza transitória das dores emocionais e dos conflitos morais, situando essas experiências dentro de um contexto mais amplo de aprendizado e desenvolvimento espiritual. Essa perspectiva oferece conforto e esperança, ao mesmo tempo em que convida à reflexão sobre o propósito dessas experiências na jornada da alma.

Aprendizado e evolução

Os dilemas humanos são oportunidades de aprendizado e evolução espiritual. Ao enfrentar as dores emocionais e os conflitos morais com coragem e compaixão, os indivíduos podem expandir sua consciência, fortalecer sua resiliência e aprimorar sua compreensão das complexidades da existência humana.

CAPÍTULO 14

Enxergando as oportunidades divinas

Percepção das oportunidades divinas

A percepção das oportunidades divinas requer sensibilidade espiritual e atenção aos sinais e mensagens que o universo nos envia. Muitas vezes, essas oportunidades se manifestam por meio de sincronicidades, que são eventos aparentemente coincidentes, mas carregados de significado e propósito. Além disso, a inspiração divina pode se revelar como um impulso interior, uma ideia repentina ou um insight que nos guia na direção certa.

Sinais e mensagens

Os sinais e mensagens divinas podem se apresentar de diversas formas, e é essencial estar aberto e receptivo a eles. As sincronicidades, por exemplo, podem ocorrer como encontros inesperados, padrões repetitivos, ou até mesmo através de sonhos e visões que carregam simbolismos importantes para nossa jornada espiritual. Já a inspiração divina pode surgir durante momentos de reflexão, meditação ou em situações do cotidiano, trazendo insights e orientações para nossas escolhas e ações.

Sincronicidades

As sincronicidades são eventos que parecem ocorrer por acaso, mas carregam um significado profundo e uma conexão com o plano espiritual. Ao perceber e compreender esses eventos, somos capazes de identificar os padrões e mensagens que nos são enviados, permitindo-nos alinhar nossa jornada com o propósito divino que se manifesta através delas.

Inspiração divina

A inspiração divina é uma manifestação do amor e da sabedoria do universo, que busca nos guiar em direção ao crescimento espiritual e à realização de nosso potencial. Ao acolher e agir de acordo com essas inspirações, nos abrimos para experiências transformadoras e para a manifestação de nossa verdadeira essência.

Você Sabia?

Sinais e mensagens

Inspiração divina

A inspiração divina é uma manifestação do amor e da sabedoria do universo, que busca nos guiar em direção ao crescimento espiritual e à realização de nosso potencial. Ao acolher e agir de acordo com essas inspirações, nos abrimos para experiências transformadoras e para a manifestação de nossa verdadeira essência.

Aproveitando as oportunidades

Ao percebermos as oportunidades divinas que se apresentam em nossa jornada, somos convidados a agir em consonância com esses sinais e mensagens, buscando a autotransformação e o auxílio ao próximo. Aproveitar essas oportunidades significa estar aberto ao crescimento pessoal e ao serviço amoroso à humanidade, contribuindo para a evolução coletiva.

Autotransformação

A autotransformação é um processo contínuo de desenvolvimento pessoal, no qual buscamos a expansão de nossa consciência, o aprimoramento de nossas virtudes e a superação de nossas limitações. Ao reconhecer e aproveitar as oportunidades divinas, somos impulsionados a promover mudanças positivas em nossa vida, alinhando nossas ações e pensamentos com a luz e o amor do universo.

Auxílio ao próximo

O auxílio ao próximo é uma expressão concreta do amor e da compaixão que recebemos do plano espiritual. Ao estender a mão para aqueles que necessitam, seja por meio de palavras de conforto, atos de solidariedade ou simples gestos de gentileza, estamos atuando como instrumentos da divindade, promovendo a cura e o bem-estar em nossa comunidade e no mundo.

CAPÍTULO 15

Reconhecendo a insignificância das disputas e posses
Perspectiva espiritual sobre disputas e posses

A perspectiva espiritual nos convida a refletir sobre a natureza efêmera das disputas e posses terrenas. O desapego e a compaixão são fundamentais para alcançar uma compreensão mais profunda sobre essas questões.

Desapego e compaixão

O desapego material é um dos princípios essenciais para a busca da elevação espiritual. Ao compreender que as posses materiais são transitórias e que a verdadeira riqueza reside no mundo interior, somos capazes de desenvolver uma relação mais equilibrada com os bens materiais.

A compaixão e a empatia também desempenham um papel crucial nesse processo. Ao reconhecer a humanidade compartilhada em todos os seres, somos capazes de cultivar a compaixão em relação aos outros e a nós mesmos, promovendo a harmonia e a solidariedade.

Desapego material

O desapego material não implica necessariamente em renunciar a todas as posses, mas sim em desenvolver uma relação saudável e equilibrada com elas. Reconhecer que a verdadeira felicidade não está na acumulação de bens, mas sim na capacidade de apreciar o presente e de compartilhar com generosidade.

Ao praticar o desapego material, libertamo-nos do peso das preocupações excessivas com a segurança material, permitindo-nos viver de forma mais leve e autêntica.

Compaixão e empatia

A compaixão e a empatia nos conectam com a essência humana, permitindo-nos enxergar para além das diferenças e conflitos. Ao compreender as dores e alegrias alheias, somos capazes de agir com bondade e solidariedade, promovendo a harmonia e a paz interior.

Você Sabia?

Perspectiva espiritual sobre disputas e posses

Desapego e compaixão

Compaixão e empatia

A compaixão e a empatia nos conectam com a essência humana, permitindo-nos enxergar para além das diferenças e conflitos. Ao compreender as dores e alegrias alheias, somos capazes de agir com bondade e solidariedade, promovendo a harmonia e a paz interior.

Impacto das disputas e posses

As disputas e posses, quando vivenciadas de forma desequilibrada, podem gerar consequências significativas em nosso desenvolvimento espiritual. Compreender o impacto dessas questões é fundamental para promover a evolução interior.

Consequências espirituais

As disputas e a busca desenfreada por posses materiais podem gerar um estado de inquietação e insatisfação constante, afastando-nos da paz interior e da conexão com o divino. Além disso, tais atitudes podem gerar karmas negativos, perpetuando um ciclo de sofrimento e desequilíbrio espiritual.

Ao compreender as consequências espirituais das disputas e posses, somos convidados a refletir sobre nossas prioridades e a buscar um caminho de maior harmonia e equilíbrio em nossas interações com o mundo material.

Bloqueios para a evolução

O apego excessivo às posses materiais e a participação em disputas desnecessárias podem criar bloqueios significativos em nosso caminho espiritual. Essas atitudes geram um véu que obscurece a percepção da verdadeira natureza da existência, dificultando o acesso à sabedoria interior e à conexão com o divino.

Ao reconhecer os bloqueios para a evolução gerados pelas disputas e posses, somos convidados a buscar a transformação interior, promovendo a libertação das amarras que nos impedem de vivenciar a plenitude espiritual.

CAPÍTULO 16

A grandeza conquistada diante do universo
Reconhecendo a grandeza interior

A jornada espiritual muitas vezes nos leva a um profundo processo de autoconhecimento e autodescoberta. Ao explorarmos a nossa essência, mergulhamos em camadas profundas da nossa consciência, buscando revelar a verdade interior que muitas vezes está oculta sob as máscaras que utilizamos no dia a dia.

Esse processo de exploração da essência nos convida a refletir sobre quem realmente somos, para além das expectativas sociais, das pressões externas e das ilusões que nos afastam da nossa verdadeira natureza. É um convite para olharmos para dentro, para as nossas motivações mais profundas, medos, desejos e anseios, de forma a nos reconectarmos com a nossa essência mais pura.

Ao longo desse caminho de autoconhecimento, somos confrontados com aspectos de nós mesmos que talvez tenhamos negligenciado, partes que precisam de cura, aceitação e amor. A revelação da verdade interior é um processo transformador que nos permite reconhecer a nossa grandeza interior, nossa capacidade de amar, de perdoar, de criar e de ser luz no mundo.

Exploração da essência

A exploração da essência é um convite para nos conectarmos com a nossa natureza mais profunda, para além das camadas superficiais da personalidade. É um mergulho corajoso em busca da verdade que habita em nosso âmago, um convite para reconhecermos a nossa autenticidade e singularidade.

Esse processo pode envolver práticas de meditação, introspecção, terapia, expressão artística, ou qualquer atividade que nos leve a um encontro genuíno conosco mesmos. A exploração da essência nos convida a reconhecer e honrar todas as partes de quem somos, mesmo aquelas que consideramos sombras, pois é nesse encontro que encontramos a integridade e a plenitude.

Revelação da verdade interior

A revelação da verdade interior é um momento de profunda clareza, onde as camadas de ilusão se dissipam e somos confrontados com a nossa essência mais pura. Esse processo pode ser desafiador, pois muitas vezes nos deparamos com aspectos de nós mesmos que estavam escondidos, feridas que precisam de cura, ou potenciais que estavam adormecidos.

Ao revelar a nossa verdade interior, nos abrimos para a possibilidade de viver de forma mais autêntica, alinhados com os nossos valores, propósito e missão de vida. Esse reconhecimento da nossa grandeza interior nos fortalece, nos trazendo uma profunda sensação de paz, plenitude e confiança em quem somos e no nosso lugar no universo.

Leitura Adicional

A grandeza conquistada diante do universo
Reconhecendo a grandeza interior
Revelação da verdade interior

A revelação da verdade interior é um momento de profunda clareza, onde as camadas de ilusão se dissipam e somos confrontados com a nossa essência mais pura. Esse processo pode ser desafiador, pois muitas vezes nos deparamos com aspectos de nós mesmos que estavam escondidos, feridas que precisam de cura, ou potenciais que estavam adormecidos.

Ao revelar a nossa verdade interior, nos abrimos para a possibilidade de viver de forma mais autêntica, alinhados com os nossos valores, propósito e missão de vida. Esse reconhecimento da nossa grandeza interior nos fortalece, nos trazendo uma profunda sensação de paz, plenitude e confiança em quem somos e no nosso lugar no universo.

Conexão com o universo

Ao reconhecermos a nossa grandeza interior, somos naturalmente convidados a nos conectar com o universo de forma mais ampla. Essa conexão vai além das fronteiras do nosso eu individual, nos levando a compreender a unidade cósmica que permeia toda a existência. É a percepção de que fazemos parte de algo maior, de um tecido interligado que une todas as formas de vida.

Essa integração com o todo nos convida a expandir a nossa consciência, a olhar para além das limitações do ego e a reconhecer a interdependência de todas as coisas. É um convite para viver em harmonia com o universo, honrando a natureza, respeitando todas as formas de vida e reconhecendo a beleza da diversidade que enriquece o tecido da existência.

A conexão com o universo nos traz um profundo senso de pertencimento e propósito, nos lembrando que somos parte de algo grandioso, que a nossa existência tem significado e que cada um de nós tem um papel único a desempenhar na dança cósmica da vida.

Unidade cósmica

A unidade cósmica é a compreensão de que todas as coisas estão interligadas, que não há separação real entre eu e o outro, entre o humano e o divino, entre a matéria e o espírito. É a percepção de que a energia que pulsa em cada ser vivo é a mesma energia que anima as estrelas, os planetas e as galáxias.

Essa consciência nos convida a transcender as divisões artificiais que criamos, como raça, gênero, nacionalidade, e a reconhecer a unidade fundamental que nos une a todos. É um convite para viver em amor e compaixão, honrando a diversidade e celebrando a interconexão que nos torna um só.

Integração com o todo

A integração com o todo nos convida a viver de forma consciente, alinhados com os ritmos naturais da vida, respeitando o fluxo do universo e contribuindo para o bem-estar coletivo. É a compreensão de que as nossas ações reverberam no tecido da existência, influenciando não apenas a nossa realidade imediata, mas o todo maior do qual fazemos parte.

Essa integração nos traz um profundo senso de responsabilidade e gratidão, nos lembrando que somos co-criadores da realidade, e que a nossa jornada individual está entrelaçada com a jornada de toda a humanidade e do planeta. É um convite para viver em harmonia com o universo, honrando a grandeza que habita em cada ser e em cada manifestação da vida.

CAPÍTULO 17

A transcendência dos ensinamentos espirituais

Alcance da transcendência

Elevação espiritual

A transcendência dos ensinamentos espirituais está intrinsecamente ligada à elevação espiritual. Esse processo envolve o desenvolvimento da consciência, que é a capacidade de perceber e compreender a realidade para além das limitações do mundo material. A elevação espiritual também implica na expansão da percepção, permitindo enxergar a vida e suas experiências sob uma ótica mais ampla e profunda.

À medida que a consciência se desenvolve, a percepção se expande, possibilitando uma compreensão mais abrangente das questões existenciais e uma conexão mais íntima com a essência espiritual. A elevação espiritual é um processo contínuo de crescimento interior, que promove a evolução do ser em direção à sua verdadeira natureza espiritual.

Expansão da percepção

A expansão da percepção é um aspecto fundamental da transcendência espiritual. Ela envolve a capacidade de enxergar para além das aparências e das limitações do mundo material, permitindo uma compreensão mais profunda e significativa da existência. A expansão da percepção possibilita a visão de padrões e conexões que estão além do alcance dos sentidos físicos, revelando a interconexão de todas as coisas e a presença de uma ordem superior no universo.

Essa expansão da percepção também inclui a capacidade de acessar níveis mais elevados de consciência, onde a intuição, a inspiração e a sabedoria espiritual se manifestam. Através da expansão da percepção, o indivíduo transcende as limitações do ego e da mente racional, conectando-se com a essência divina que permeia toda a criação.

Fatos e Estatísticas Rápidos

A transcendência dos ensinamentos espirituais

Alcance da transcendência

Expansão da percepção

A expansão da percepção é um aspecto fundamental da transcendência espiritual. Ela envolve a capacidade de enxergar para além das aparências e das limitações do mundo material, permitindo uma compreensão mais profunda e significativa da existência. A expansão da percepção possibilita a visão de padrões e conexões que estão além do alcance dos sentidos físicos, revelando a interconexão de todas as coisas e a presença de uma ordem superior no universo.

Essa expansão da percepção também inclui a capacidade de acessar níveis mais elevados de consciência, onde a intuição, a inspiração e a sabedoria espiritual se manifestam. Através da expansão da percepção, o indivíduo transcende as limitações do ego e da mente racional, conectando-se com a essência divina que permeia toda a criação.

Aplicação prática dos ensinamentos

Vivência espiritual cotidiana

A transcendência dos ensinamentos espirituais se concretiza na vivência espiritual cotidiana, onde as percepções elevadas e a consciência expandida se refletem nas atitudes, pensamentos e emoções do indivíduo. A vivência espiritual cotidiana envolve a integração dos princípios espirituais no dia a dia, promovendo uma abordagem mais compassiva, amorosa e consciente em relação à vida e às pessoas ao redor.

Essa vivência espiritual cotidiana se manifesta através de práticas como a meditação, a oração, a contemplação, a busca pela autoconsciência e a busca pelo autoconhecimento. Ela também se expressa nas ações do indivíduo, que buscam refletir os valores espirituais de compaixão, bondade, verdade e justiça em todas as interações e decisões.

Transformação pessoal

A aplicação prática dos ensinamentos espirituais promove uma profunda transformação pessoal, que se reflete em todos os aspectos da vida do indivíduo. Essa transformação envolve a superação de padrões limitantes, a cura de feridas emocionais, o desenvolvimento de virtudes e a expansão da consciência. Através da transformação pessoal, o ser humano se torna mais alinhado com sua essência espiritual, manifestando qualidades como amor incondicional, compaixão, gratidão e humildade.

Essa transformação pessoal também se reflete na maneira como o indivíduo se relaciona consigo mesmo, com os outros e com o mundo ao seu redor. Ela promove uma atitude de aceitação, respeito e cuidado para com todas as formas de vida, contribuindo para a construção de um mundo mais harmonioso e amoroso.

CAPÍTULO 18

Despertando para a evolução da humanidade
Compreendendo a evolução espiritual

A evolução espiritual é um processo contínuo de crescimento e aprimoramento, tanto a nível individual quanto coletivo. Os ciclos de evolução representam a jornada da consciência em busca de maior compreensão e elevação. Nesse contexto, o progresso individual e coletivo se entrelaçam, pois cada ser humano contribui para a evolução da humanidade como um todo.

Ciclos de evolução

Os ciclos de evolução refletem as fases pelas quais a humanidade e cada indivíduo passam em sua busca por crescimento espiritual. Esses ciclos envolvem transformações ao longo do tempo, marcados por períodos de aprendizado, superação de desafios e expansão da consciência.

Progresso individual e coletivo

O progresso individual é essencial para o avanço coletivo, pois cada pessoa que busca a sua própria evolução contribui para o desenvolvimento da consciência coletiva. À medida que os indivíduos se aprimoram espiritualmente, impactam positivamente o todo, criando uma rede de influências que impulsiona a evolução da humanidade.

Despertando para a evolução da humanidade
Compreendendo a evolução espiritual
Ciclos de evolução
Transformações ao longo do tempo

A evolução espiritual se manifesta por meio de transformações ao longo do tempo, tanto em nível pessoal quanto global. Essas mudanças representam oportunidades de aprendizado e crescimento, permitindo que a humanidade avance em direção a um estado de maior harmonia e compreensão.

Citações Famosas

"A evolução espiritual é um processo contínuo de autodescoberta e transformação." - Anônimo

"A cada desafio superado, estamos mais próximos da nossa evolução espiritual." - Autor Desconhecido

"A evolução espiritual é a jornada da alma em busca de sua verdadeira essência." – Anônimo

Contribuições para a evolução

Além de compreender os ciclos de evolução, é fundamental explorar as contribuições que cada indivíduo pode oferecer para o avanço da humanidade. Ações altruístas e o cultivo da compaixão desempenham um papel crucial nesse processo, promovendo a construção de um mundo mais amoroso e consciente.

Ações altruístas

As ações altruístas representam uma forma de expressar amor e solidariedade em relação ao próximo. Ao praticar atos de bondade e generosidade, os indivíduos contribuem para a construção de um ambiente mais acolhedor e empático, promovendo a evolução da humanidade por meio do cuidado mútuo.

Cultivo da compaixão

A compaixão é uma qualidade essencial no caminho da evolução espiritual. Ao cultivar a compaixão, as pessoas desenvolvem a capacidade de se colocar no lugar do outro, promovendo a empatia e a compreensão mútua. Esse processo de abertura para o sofrimento alheio contribui significativamente para a evolução da consciência coletiva.

CAPÍTULO 19
Rumo à regeneração: a jornada espiritual
Entendendo a regeneração espiritual

A regeneração espiritual é um processo profundo de transformação interior, que visa a purificação do espírito e a renovação pessoal. É um caminho de evolução que transcende as questões materiais e busca a elevação da consciência.

Renovação interior

A renovação interior é o cerne da regeneração espiritual. Envolve um mergulho profundo em si mesmo, a fim de identificar e transformar padrões de pensamento e comportamento que estejam em desalinho com a harmonia espiritual. É um processo de autoconhecimento e autotransformação que demanda coragem e determinação.

Purificação do espírito

A purificação do espírito é um aspecto fundamental da renovação interior. Envolve a busca pela eliminação de sentimentos e emoções negativas, como o egoísmo, a raiva, o ressentimento e o orgulho, substituindo-os por amor, compaixão, humildade e gratidão.

Esse processo de purificação requer um profundo trabalho de autoanálise e reflexão, a fim de identificar as impurezas que impedem a manifestação plena da essência espiritual.

Transformação pessoal

A transformação pessoal é o resultado da purificação do espírito e do trabalho contínuo de renovação interior. É o processo de se tornar uma versão mais elevada de si mesmo, alinhada com os princípios espirituais de amor, compaixão e serviço ao próximo.

Essa transformação se reflete nas atitudes, nas escolhas e nas relações, promovendo uma vida mais harmoniosa e significativa, em sintonia com as leis universais.

Citações Famosas

Rumo à regeneração: a jornada espiritual

Entendendo a regeneração espiritual

Renovação interior

Transformação pessoal

A transformação pessoal é o resultado da purificação do espírito e do trabalho contínuo de renovação interior. É o processo de se tornar uma versão mais elevada de si mesmo, alinhada com os princípios espirituais de amor, compaixão e serviço ao próximo.

Essa transformação se reflete nas atitudes, nas escolhas e nas relações, promovendo uma vida mais harmoniosa e significativa, em sintonia com as leis universais.

Caminho para a regeneração

O caminho para a regeneração envolve práticas e atitudes que promovem a transcendência das preocupações materiais e o cultivo da espiritualidade. É um processo gradual e constante, que demanda disciplina e dedicação.

Desapego material

O desapego material é essencial para a regeneração espiritual. Significa libertar-se do apego excessivo aos bens materiais, compreendendo que a verdadeira riqueza está na essência e não nas posses. Isso não implica em renúncia total, mas sim em desenvolver uma relação equilibrada e consciente com os recursos materiais.

É um convite à simplicidade, à gratidão pelo que se tem e à generosidade para com os outros, reconhecendo a impermanência e a relatividade dos bens terrenos.

Cultivo da espiritualidade

O cultivo da espiritualidade é o alicerce da jornada rumo à regeneração. Envolve práticas como a meditação, a oração, o estudo de ensinamentos elevados, a busca pela conexão com o divino e a vivência de valores éticos e morais.

Além disso, a espiritualidade se manifesta nas ações cotidianas, nas relações interpessoais e no serviço altruísta, promovendo a integração da consciência individual com a consciência cósmica.

CAPÍTULO 20

A voz que vem do coração: mensagens de esperança

A mensagem de esperança

A voz que vem do coração traz consigo a mensagem de esperança, uma força interior capaz de sustentar-nos diante das adversidades mais desafiadoras. A esperança é como uma luz que brilha em nosso íntimo, impulsionando-nos a seguir em frente, mesmo nos momentos mais sombrios.

Força interior

Nossa força interior é testada nos momentos de dificuldade, e é nesses momentos que a esperança se revela como um poder transformador. A resiliência diante das adversidades é um reflexo da nossa capacidade de superação, da nossa habilidade de encontrar forças onde parecia não haver mais nada.

A renovação da esperança é um processo contínuo, que nos permite enfrentar os desafios com coragem e determinação. Mesmo diante das perdas e das dores, a esperança nos impulsiona a acreditar que dias melhores virão, que novas oportunidades surgirão no horizonte.

Pense e Reflita

A voz que vem do coração: mensagens de esperança

A mensagem de esperança

Força interior

Nossa força interior é testada nos momentos de dificuldade, e é nesses momentos que a esperança se revela como um poder transformador. A resiliência diante das adversidades é um reflexo da nossa capacidade de superação, da nossa habilidade de encontrar forças onde parecia não haver mais nada.

A renovação da esperança é um processo contínuo, que nos permite enfrentar os desafios com coragem e determinação. Mesmo diante das perdas e das dores, a esperança nos impulsiona a acreditar que dias melhores virão, que novas oportunidades surgirão no horizonte.

Inspiração para a jornada

A voz que vem do coração também nos inspira a seguir em nossa jornada espiritual, oferecendo-nos uma visão otimista do futuro e motivando-nos a buscar constantemente a evolução pessoal. A esperança nos conecta com a possibilidade de um mundo melhor, tanto em nível individual quanto coletivo.

Visão otimista

Uma visão otimista da vida nos permite enxergar além das dificuldades imediatas, reconhecendo que cada desafio traz consigo a oportunidade de crescimento e aprendizado. A esperança nos convida a cultivar a gratidão pelo presente e a confiança no futuro, mesmo diante das incertezas.

Essa visão otimista não nega a realidade das dores e das tristezas, mas nos encoraja a enfrentá-las com a convicção de que somos capazes de superá-las. A esperança nos lembra que somos co-criadores de nossa realidade, e que nossas atitudes e pensamentos têm o poder de transformar o mundo ao nosso redor.

Motivação para a evolução

A esperança também nos motiva a buscar a evolução espiritual, a aprimorar nossas virtudes e a contribuir para a construção de um mundo mais justo e compassivo. Ela nos impulsiona a agir em prol do bem comum, a semear a esperança nos corações daqueles que atravessam momentos difíceis.

Essa motivação para a evolução nos inspira a buscar a sabedoria das orientações espirituais, a reconhecer a presença dos Espíritos de Luz em nossas vidas e a nos abrir para as mensagens de amor e compaixão que ecoam do plano espiritual.

CAPÍTULO 21

A sabedoria das orientações espirituais

Orientações espirituais

A sabedoria das orientações espirituais permeia a existência humana, oferecendo conselhos valiosos para a jornada terrena. Essas orientações visam promover o equilíbrio emocional e a conduta ética, fundamentais para o desenvolvimento espiritual e a harmonia interior.

Conselhos para a vida

Os conselhos espirituais são como bálsamos para a alma, proporcionando diretrizes para lidar com as complexidades da vida cotidiana. O equilíbrio emocional é um dos pilares dessas orientações, convidando o indivíduo a cultivar a serenidade interior diante dos desafios e das emoções intensas. A busca pela paz interior e pela estabilidade emocional é um caminho que se entrelaça com a jornada espiritual, permitindo que o ser humano se conecte mais profundamente consigo mesmo e com o divino.

A conduta ética, por sua vez, representa a bússola moral que guia as ações e escolhas do indivíduo. As orientações espirituais ressaltam a importância de agir com integridade, respeito e compaixão, promovendo relações saudáveis e contribuindo para a construção de um mundo mais justo e amoroso. A ética espiritual transcende as convenções sociais, inspirando a prática do bem e a busca pela verdade em todas as circunstâncias da vida.

Equilíbrio emocional

O equilíbrio emocional é um estado de serenidade interior que permite ao indivíduo enfrentar as adversidades com calma e clareza. As orientações espirituais incentivam a prática da meditação, do autoconhecimento e do cultivo de pensamentos positivos como meios para alcançar e manter o equilíbrio emocional. A compreensão das próprias emoções e a capacidade de lidar com elas de forma construtiva são aspectos essenciais desse equilíbrio, promovendo a saúde mental e espiritual.

Além disso, a busca por atividades que proporcionem bem-estar emocional, como a arte, a natureza e a convivência com pessoas queridas, também é encorajada pelas orientações espirituais. A conexão com o divino e a prática da gratidão são aspectos complementares desse equilíbrio, nutrindo a alma e fortalecendo a resiliência diante das vicissitudes da vida.

Conduta ética

A conduta ética, baseada nos princípios espirituais de amor, compaixão e justiça, orienta as interações humanas e as escolhas individuais. A prática da honestidade, da empatia e da solidariedade é enfatizada como forma de promover relacionamentos saudáveis e contribuir para a construção de uma sociedade mais fraterna. A conduta ética também se estende ao cuidado com o meio ambiente e com todas as formas de vida, refletindo o respeito e a responsabilidade inerentes à visão espiritual do mundo.

Além disso, as orientações espirituais ressaltam a importância do perdão, tanto para consigo mesmo quanto para com os outros, como um caminho para a cura interior e a reconciliação. O cultivo da compaixão e da não-violência também são aspectos fundamentais da conduta ética, promovendo a construção de um mundo mais pacífico e amoroso.

Leitura Adicional
A sabedoria das orientações espirituais
Orientações espirituais
Conselhos para a vida
Conduta ética

A conduta ética, baseada nos princípios espirituais de amor, compaixão e justiça, orienta as interações humanas e as escolhas individuais. A prática da honestidade, da empatia e da solidariedade é enfatizada como forma de promover relacionamentos saudáveis e contribuir para a construção de uma sociedade mais fraterna. A conduta ética também se estende ao cuidado com o meio ambiente e com todas as formas de vida, refletindo o respeito e a responsabilidade inerentes à visão espiritual do mundo.

Além disso, as orientações espirituais ressaltam a importância do perdão, tanto para consigo mesmo quanto para com os outros, como um caminho para a cura interior e a reconciliação. O cultivo da compaixão e da não-violência também são aspectos fundamentais da conduta ética, promovendo a construção de um mundo mais pacífico e amoroso.

Sabedoria transcendental

A sabedoria transcendental das orientações espirituais convida o ser humano a expandir sua consciência e a se conectar com o divino de forma profunda e significativa. Essa sabedoria transcende as limitações do mundo material, oferecendo uma visão ampliada da existência e do propósito da vida.

Conexão com o divino

A conexão com o divino é um convite à transcendência, à busca pela essência espiritual que habita em cada ser humano. As orientações espirituais oferecem práticas e reflexões que visam fortalecer essa conexão, como a oração, a contemplação da natureza, a busca pela verdade interior e a vivência de valores espirituais no cotidiano. A conexão com o divino proporciona amparo, inspiração e sentido à jornada terrena, nutrindo a fé e a confiança no propósito maior que permeia a existência.

Além disso, a conexão com o divino também se manifesta na percepção da presença espiritual nos diversos aspectos da vida, convidando o ser humano a reconhecer a manifestação do sagrado em todas as coisas e a agir em harmonia com essa compreensão. A consciência da interconexão entre todos os seres e a reverência pela vida são expressões dessa conexão transcendental.

Compreensão espiritual

A compreensão espiritual oferecida pelas orientações transcendentais convida o ser humano a enxergar além das aparências, a perceber a essência divina em si mesmo e em todos os seres. Essa compreensão promove a aceitação, a compaixão e a busca pela evolução espiritual, reconhecendo que cada desafio, cada encontro e cada experiência são oportunidades de crescimento e aprendizado.

Além disso, a compreensão espiritual também abarca a visão de que a vida terrena é parte de um processo evolutivo maior, no qual o ser humano tem a oportunidade de contribuir para a construção de um mundo mais justo, amoroso e consciente. A compreensão espiritual nutre a esperança, a resiliência e a visão otimista diante das adversidades, inspirando a jornada de evolução pessoal e coletiva.

CAPÍTULO 22

A atuação dos Espíritos de Luz em nossas vidas

A presença espiritual

Os Espíritos de Luz desempenham um papel fundamental em nossas vidas, atuando como guias espirituais que oferecem proteção, orientação e influência positiva. Sua presença é sutil, mas impactante, e muitas vezes se manifesta de maneiras que nem sempre percebemos de imediato.

Guia espiritual

O guia espiritual é aquele que nos acompanha ao longo de nossa jornada terrena, oferecendo proteção e orientação nos momentos de desafio e crescimento. Sua presença é reconfortante e sábia, e sua influência positiva pode ser sentida em nossas vidas quando estamos abertos para recebê-la.

Proteção e orientação

A proteção oferecida pelos guias espirituais vai além da esfera física, estendendo-se ao cuidado de nossos corações e mentes. Eles nos orientam sutilmente, muitas vezes por meio de intuições e insights, ajudando-nos a tomar decisões que estejam alinhadas com nosso propósito e evolução espiritual.

Além disso, os guias espirituais também nos protegem de influências negativas, agindo como um escudo sutil que nos envolve e nos mantém seguros em meio às adversidades da vida terrena.

Influência positiva

A influência positiva dos guias espirituais se manifesta por meio de amor, compaixão, sabedoria e paciência. Eles nos inspiram a cultivar virtudes e a agir de acordo com os princípios espirituais, auxiliando-nos a expandir nossa consciência e a nos tornarmos seres mais amorosos e compassivos.

Pense e Reflita

A atuação dos Espíritos de Luz em nossas vidas

A presença espiritual

Guia espiritual

Influência positiva

A influência positiva dos guias espirituais se manifesta por meio de amor, compaixão, sabedoria e paciência. Eles nos inspiram a cultivar virtudes e a agir de acordo com os princípios espirituais, auxiliando-nos a expandir nossa consciência e a nos tornarmos seres mais amorosos e compassivos.

Intervenções espirituais

Além da presença constante dos guias espirituais, os Espíritos de Luz também realizam intervenções em nossas vidas, enviando sinais, mensagens e oferecendo auxílio nos momentos mais difíceis. Suas ações visam nos conduzir ao crescimento espiritual e à superação de desafios, sempre respeitando nosso livre-arbítrio e nosso ritmo de evolução.

Sinais e mensagens

Os sinais e mensagens enviados pelos Espíritos de Luz podem se manifestar de diversas formas, como sincronicidades, sonhos, intuições, encontros significativos e até mesmo por meio de outras pessoas que atuam como mensageiros espirituais. Ao estarmos atentos a esses sinais, podemos receber orientações valiosas para nossa jornada.

Auxílio nos momentos difíceis

Quando nos encontramos em situações desafiadoras, os Espíritos de Luz estão presentes para nos oferecer auxílio e amparo. Seja por meio de uma sensação de paz interior, um insight revelador ou até mesmo por meio da presença de pessoas que nos estendem a mão, essas intervenções espirituais nos lembram que nunca estamos sozinhos em nossas jornadas.

CAPÍTULO 23

A superação das dores e tristezas
Caminho para a cura

A superação das dores e tristezas é um processo complexo que envolve a busca pela cura interior. Nesse caminho, a aceitação e o perdão desempenham papéis fundamentais, permitindo a transformação das feridas emocionais e a reconstrução do equilíbrio interior.

Aceitação e perdão

A aceitação das dores e tristezas é o primeiro passo rumo à cura. Reconhecer e validar as emoções vivenciadas, sem reprimir ou negar a dor, é essencial para iniciar o processo de cicatrização interior. Através da aceitação, é possível compreender a natureza das feridas emocionais e iniciar o processo de transformação.

O perdão, tanto a si mesmo quanto aos outros, é uma etapa crucial no processo de superação. O perdão não significa necessariamente esquecer as experiências dolorosas, mas sim liberar o peso emocional que carregamos. Ao perdoar, abrimos espaço para a cura e a transformação, permitindo que novas perspectivas e sentimentos positivos floresçam em nosso interior.

Transformação interior

A transformação interior é o resultado da jornada de cura, onde as dores e tristezas são gradativamente substituídas por sentimentos de paz, compreensão e amor. Esse processo envolve a reconstrução da autoestima, o fortalecimento da resiliência emocional e a redescoberta do propósito de vida.

Por meio da transformação interior, somos capazes de transcender as experiências dolorosas, encontrando significado e aprendizado nos desafios enfrentados. A cura emocional nos permite seguir adiante com leveza no coração, cultivando a capacidade de enfrentar novos obstáculos com sabedoria e compaixão.

CAPÍTULO 24

Enxergando além das aparências: a visão espiritual

Percepção espiritual

A percepção espiritual nos convida a enxergar além das aparências superficiais, a desenvolver um olhar compassivo que transcende as limitações do mundo material. É um convite para compreender a essência por trás das formas, para reconhecer a presença divina em cada ser e em cada situação.

Olhar compassivo

O olhar compassivo é aquele que acolhe, que reconhece a humanidade compartilhada em todas as criaturas. É o olhar que não julga, mas busca compreender as dores e alegrias do outro, que oferece apoio e solidariedade diante das dificuldades. Esse olhar nos conecta uns aos outros em um nível mais profundo, transcendendo as diferenças externas e revelando a unidade essencial de toda a criação.

O olhar compassivo também nos convida a enxergar a nós mesmos com gentileza e compaixão. Ao nos permitirmos esse olhar amoroso, podemos curar feridas emocionais, cultivar a autoaceitação e nutrir a autoestima. Dessa forma, o olhar compassivo não apenas transforma a maneira como vemos o mundo, mas também como nos vemos.

Compreensão da essência

A compreensão da essência é a capacidade de enxergar para além das máscaras que as pessoas e as circunstâncias possam apresentar. É a habilidade de reconhecer a centelha divina em cada ser, independentemente de sua história, comportamento ou aparência externa. Essa compreensão nos permite estabelecer conexões mais profundas e significativas, baseadas na verdadeira natureza espiritual de cada indivíduo.

Além disso, ao compreender a essência, somos capazes de discernir as motivações e intenções por trás das ações das pessoas, permitindo-nos agir com empatia e sabedoria. Essa visão espiritual nos liberta das ilusões do ego e nos aproxima da realidade espiritual subjacente a todas as experiências humanas.

CAPÍTULO 25

A insignificância das disputas e posses diante das responsabilidades

Prioridades espirituais

Ao refletirmos sobre a insignificância das disputas e posses diante das responsabilidades espirituais, é essencial direcionar nosso foco para o crescimento interior. As questões materiais, muitas vezes, nos distraem do que realmente importa em nossa jornada espiritual. O desenvolvimento da consciência, a busca pela evolução moral e a expansão da compaixão são aspectos fundamentais que merecem nossa atenção e dedicação.

O foco no crescimento interior nos convida a explorar as profundezas de nossa própria essência, a compreender nossas virtudes e limitações, e a buscar constantemente a superação de nossas imperfeições. É um convite à autorreflexão, à busca por sabedoria e ao cultivo de valores que transcendem as questões meramente materiais.

Foco no crescimento interior

O crescimento interior demanda um olhar atento para as próprias ações, pensamentos e emoções. Requer a disposição para reconhecer nossas falhas, aprender com as experiências e buscar constantemente a melhoria pessoal. Ao direcionarmos nossa atenção para o desenvolvimento espiritual, somos impulsionados a agir de acordo com princípios elevados, a cultivar a paciência, a compaixão e a humildade, e a buscar a harmonia interior.

Além disso, o foco no crescimento interior nos conduz à prática do autoconhecimento, da meditação e do estudo das verdades espirituais. A busca pela compreensão mais profunda de nós mesmos e do universo nos permite estabelecer uma conexão mais significativa com a espiritualidade, ampliando nossa visão sobre a vida e nossas responsabilidades enquanto seres em evolução.

Desapego material

O desapego material é um dos pilares fundamentais para compreender a insignificância das disputas e posses diante das responsabilidades espirituais. Ao reconhecer a efemeridade dos bens materiais e a ilusão da posse, somos capazes de direcionar nossas energias para aquilo que é verdadeiramente duradouro e significativo em nossa jornada espiritual.

O desapego material não implica necessariamente em renúncia, mas sim em uma postura de equilíbrio diante das riquezas e das posses. Significa compreender que a verdadeira abundância está na capacidade de amar, de servir ao próximo, e de cultivar virtudes como a gratidão, a generosidade e a solidariedade. Ao desapegar-se das preocupações excessivas com o ter, abre-se espaço para o ser, para a busca do auto aprimoramento e para a vivência de uma espiritualidade mais autêntica e plena.

CAPÍTULO 26

O reconhecimento da grandeza conquistada

Autoconhecimento espiritual

O autoconhecimento espiritual é um processo profundo de descoberta interior, que nos leva a compreender a nossa verdadeira essência e a reconhecer a grandiosidade do nosso ser. Ao mergulharmos nesse caminho, somos conduzidos à revelação da nossa essência divina, um despertar para a compreensão de que somos seres espirituais vivendo uma experiência humana. Esse reconhecimento nos conecta à fonte de toda a criação, permitindo-nos sentir a presença do divino em nosso interior e compreender a nossa natureza eterna.

Na jornada do autoconhecimento espiritual, somos convidados a explorar as profundezas da nossa alma, a reconhecer as nossas potencialidades e a aceitar as nossas limitações. Esse processo de autoconsciência nos leva a compreender que cada ser humano carrega consigo uma centelha divina, uma luz interior que brilha com a força do amor e da sabedoria. Ao reconhecermos a nossa essência divina, somos impulsionados a viver de acordo com os valores espirituais, buscando a harmonia, a compaixão e a paz interior.

Revelação da essência divina

A revelação da essência divina é um momento de profunda conexão com a nossa natureza espiritual. É quando nos deparamos com a verdade sobre quem realmente somos, além das máscaras e das identificações passageiras. Nesse instante de revelação, somos tocados pela graça divina, que nos permite vislumbrar a grandiosidade do nosso ser e compreender a nossa missão neste plano terreno. A revelação da essência divina nos convida a viver de forma autêntica, alinhados com a nossa verdade interior e em sintonia com o propósito maior que nos foi confiado.

Esse processo de revelação pode ocorrer em momentos de profunda meditação, em experiências de transcendência espiritual ou mesmo em situações cotidianas que nos levam a reconhecer a presença do divino em nós e nos outros. A revelação da essência divina nos desperta para a consciência de que somos portadores de uma centelha do Criador, e que, ao reconhecermos e honrarmos essa centelha, somos capazes de manifestar a grandeza do amor, da compaixão e da sabedoria em nossas vidas.

Valorização das virtudes

Ao reconhecermos a nossa essência divina, somos convidados a valorizar as virtudes que nos aproximam da manifestação plena do nosso potencial espiritual. As virtudes, como a bondade, a generosidade, a paciência, a humildade e a compaixão, são expressões da nossa natureza espiritual e nos conduzem ao reconhecimento da grandeza conquistada. Valorizar as virtudes significa cultivar qualidades que refletem a luz do divino em nossas ações, pensamentos e sentimentos, contribuindo para a elevação espiritual individual e coletiva.

Quando valorizamos as virtudes, reconhecemos a importância de agir com integridade, de cultivar a gratidão e de praticar o perdão. Essas atitudes nos permitem manifestar a grandeza conquistada, pois nos conectam com a essência amorosa e compassiva que habita em cada ser humano. Ao valorizarmos as virtudes, tornamo-nos instrumentos de transformação e de cura, irradiando a luz do divino em todas as direções e contribuindo para a construção de um mundo mais harmonioso e amoroso.

CAPÍTULO 27
A compreensão das oportunidades divinas
Manifestação espiritual

A manifestação espiritual se revela de diversas formas em nossas vidas, e é fundamental estarmos atentos aos sinais do universo. Muitas vezes, essas manifestações vêm como oportunidades disfarçadas, e cabe a nós reconhecê-las e aproveitá-las da melhor maneira possível.

Aproveitando os sinais do universo

Os sinais do universo podem se apresentar de maneiras sutis, como um encontro inesperado, uma coincidência significativa ou até mesmo um pensamento recorrente. Ao estarmos abertos e receptivos, podemos perceber esses sinais como oportunidades divinas, orientando-nos em direção ao nosso crescimento espiritual e pessoal.

Além disso, as oportunidades divinas podem surgir em momentos de desafio, nos convidando a superar obstáculos e expandir nossa consciência. Ao reconhecermos esses momentos como oportunidades de aprendizado, podemos transformar as dificuldades em degraus para a evolução.

Cultivando a gratidão

A gratidão é uma poderosa ferramenta para a compreensão e atração de oportunidades divinas. Ao cultivarmos um coração grato, estamos mais receptivos às bênçãos que o universo nos oferece. Reconhecer e agradecer pelas oportunidades que se apresentam em nossa jornada fortalece nossa conexão com a espiritualidade e nos coloca em sintonia com as forças superiores que nos guiam.

Além disso, a gratidão nos ajuda a manter uma perspectiva positiva diante dos desafios, permitindo-nos enxergar as oportunidades mesmo nas situações mais difíceis. Ao praticarmos a gratidão diariamente, estamos abrindo espaço para que mais oportunidades divinas se manifestem em nossas vidas, criando um ciclo de abundância e crescimento contínuo.

CAPÍTULO 28

A evolução da humanidade: um chamado espiritual
Despertar coletivo

O despertar coletivo representa um momento crucial na jornada da humanidade em direção à evolução espiritual. É o chamado para que todos os seres humanos se unam em prol do bem comum, transcendendo as barreiras individuais e buscando a harmonia e a paz para o planeta.

União em prol do bem comum

A união em prol do bem comum é a essência do despertar coletivo. É a compreensão de que, apesar das diferenças individuais, todos compartilhamos a mesma jornada neste planeta e, portanto, devemos trabalhar juntos para criar um mundo melhor para as gerações futuras.

Esse chamado espiritual nos convida a deixar de lado as divisões e rivalidades, e a nos unirmos em torno de valores universais como amor, compaixão, justiça e respeito mútuo. É a conscientização de que somos interdependentes e que o progresso individual está intrinsecamente ligado ao progresso coletivo.

Consciência planetária

A consciência planetária é o resultado do despertar coletivo, é a percepção de que todos os habitantes da Terra fazem parte de uma única família global. É a compreensão de que as ações individuais têm impacto direto no equilíbrio e na saúde do planeta como um todo.

Esse chamado espiritual nos convida a desenvolver uma consciência ecológica, a cuidar do meio ambiente e a preservar a biodiversidade. Além disso, nos instiga a promover a justiça social, a erradicar a pobreza e a desigualdade, e a garantir que todos os seres humanos tenham acesso a condições dignas de vida.

CAPÍTULO 29

A regeneração: um novo despertar

Renovação espiritual

A regeneração espiritual representa um novo despertar, uma oportunidade de transformação interior que nos conduz a um estado de maior harmonia e equilíbrio. A renovação espiritual não se limita apenas a mudanças superficiais, mas sim a uma profunda e significativa transformação em nosso ser interior.

Essa renovação envolve a revisão de nossos valores, crenças e atitudes, buscando a purificação do espírito e a elevação de nossa consciência. É um processo de autodescoberta e redescoberta, no qual nos reconectamos com nossa essência mais pura e verdadeira.

Transformação interior

A transformação interior é um aspecto fundamental da regeneração espiritual. Envolve a busca pela superação de padrões negativos, a cura de feridas emocionais e a expansão da compreensão sobre nós mesmos e sobre o universo que nos cerca.

Esse processo de transformação nos convida a olhar para dentro, a enfrentar nossos medos e inseguranças, a reconhecer nossas sombras e a integrar todos os aspectos de nossa existência. A transformação interior nos leva a um estado de maior aceitação, amor-próprio e compaixão, permitindo-nos viver de forma mais autêntica e plena.

Caminho para a regeneração

O caminho para a regeneração é único para cada indivíduo, mas compartilha elementos comuns que podem guiar essa jornada de renovação espiritual. A prática da meditação, o cultivo da gratidão, a busca pelo autoconhecimento e o serviço altruísta são alguns dos caminhos que podem nos conduzir à regeneração.

Além disso, a conexão com a natureza, a busca por momentos de silêncio e contemplação, a leitura de textos inspiradores e a busca por mentores espirituais também podem ser fontes de inspiração e orientação ao longo desse caminho de renovação.

CAPÍTULO 30
Introdução ao Plano Astral e sua Influência Espiritual
O Plano Astral
Definição e Natureza

O Plano Astral é uma dimensão espiritual que coexiste com o mundo material, sendo habitado por entidades e energias de natureza sutil. É um plano de existência onde as leis da física não se aplicam da mesma forma que no mundo material, permitindo diferentes formas de interação e manifestação.

O que é o Plano Astral

O Plano Astral é uma esfera de consciência e energia, onde as experiências espirituais e emocionais se manifestam de maneira mais direta e intensa do que no mundo material. É um espaço onde a mente e a alma encontram liberdade para explorar aspectos mais profundos da existência.

Características e Propriedades

O Plano Astral possui características próprias, como a fluidez do tempo e do espaço, a capacidade de criação mental instantânea e a interconexão entre os seres que o habitam. Suas propriedades incluem a capacidade de influenciar e ser influenciado pelas energias e pensamentos dos seres humanos.

Explorando o Plano Astral

Explorar o Plano Astral envolve a capacidade de acessar e perceber suas dimensões, bem como interagir com as entidades e energias presentes. A exploração pode ocorrer por meio de projeção astral, meditação profunda e estados alterados de consciência.

Acesso e Percepção

O acesso ao Plano Astral pode ser alcançado por meio de práticas espirituais, como a projeção astral, em que a consciência se desprende temporariamente do corpo físico, permitindo a exploração de outras realidades. A percepção no Plano Astral difere da percepção sensorial do mundo material, sendo mais ampla e intuitiva.

Entidades e Energias

No Plano Astral, entidades e energias de diferentes naturezas coexistem e interagem. Essas entidades podem ser seres espirituais, guias, mentores ou manifestações simbólicas, enquanto as energias podem variar de acordo com as emoções e intenções dos seres que as emitem.

Interconexão com o Mundo Físico

O Plano Astral está intimamente interconectado com o mundo físico, influenciando e sendo influenciado pelas experiências humanas. Essa interconexão permite que as energias e manifestações do Plano Astral tenham impacto direto sobre a vida material.

Relação entre o Plano Astral e o Mundo Material

A relação entre o Plano Astral e o mundo material é complexa e multifacetada. As energias e influências do Plano Astral podem se refletir em eventos, emoções e pensamentos no mundo físico, criando um ciclo de interação constante.

Influência Espiritual

A influência espiritual do Plano Astral pode se manifestar de diversas formas, desde insights intuitivos até intervenções diretas em situações cotidianas. Compreender essa influência é fundamental para o desenvolvimento espiritual e a busca por equilíbrio entre as dimensões espiritual e material.

Você Sabia?

O Plano Astral é considerado uma dimensão espiritual paralela ao mundo físico, onde as energias e influências espirituais se manifestam de forma sutil, mas significativa.

Além disso, a interconexão entre o Plano Astral e o Mundo Físico permite que as influências espirituais atuem de maneira direta em nossas vidas, influenciando nossos pensamentos, emoções e ações.

Compreender e estar consciente dessa influência espiritual pode nos ajudar a buscar o equilíbrio entre as dimensões espiritual e material, promovendo nosso desenvolvimento espiritual e bem-estar.

Manifestações no Plano Astral

Formas de Manifestação

As manifestações no Plano Astral podem ocorrer de diversas maneiras, envolvendo visões, sensações, comunicação e mensagens provenientes de entidades e energias presentes nessa dimensão espiritual.

Visões e Sensações

As visões e sensações no Plano Astral podem ser percebidas de forma clara e vívida, transmitindo informações simbólicas, revelações espirituais e insights sobre a natureza da existência. Essas experiências podem ocorrer durante a meditação, sonhos ou estados alterados de consciência.

Comunicação e Mensagens

A comunicação no Plano Astral pode se dar por meio de símbolos, telepatia, sonhos lúcidos e encontros com entidades espirituais. As mensagens recebidas podem conter orientações, alertas, conforto ou insights para o desenvolvimento pessoal e espiritual.

Exemplos e Relatos

Experiências pessoais e relatos históricos sobre manifestações no Plano Astral oferecem insights valiosos sobre a natureza e a influência dessa dimensão espiritual na vida humana.

Experiências Pessoais

Indivíduos relatam experiências pessoais no Plano Astral, descrevendo encontros com entidades espirituais, visões reveladoras e comunicações que impactaram positivamente suas vidas e compreensão da existência.

Relatos Históricos

A história registra relatos de manifestações no Plano Astral, incluindo eventos de cura espiritual, orientações para líderes e visionários, e intervenções que influenciaram o curso da humanidade.

Percepção e Interpretação

Sensibilidade Espiritual

A sensibilidade espiritual é a capacidade de perceber e interagir com as energias e entidades do Plano Astral, desenvolvendo uma conexão intuitiva e empática com a dimensão espiritual.

Interpretação das Experiências

Interpretar as experiências no Plano Astral requer discernimento, intuição e compreensão das leis espirituais. A interpretação das manifestações e mensagens recebidas pode oferecer insights valiosos para o crescimento pessoal e espiritual.

Perguntas de revisão

1. O que é o Plano Astral?
   - A. Um plano físico paralelo ao nosso mundo material
   - B. Um plano espiritual que interconecta o mundo material e espiritual
   - C. Um plano astronômico que estuda as estrelas e planetas
2. Qual a relação entre o Plano Astral e o Mundo Material?
   - A. O Mundo Material influencia o Plano Astral fisicamente
   - B. O Plano Astral influencia o Mundo Material

espiritualmente
- C. Não há relação entre eles

3. Quais são as formas de manifestação no Plano Astral?
   - A. Apenas comunicação
   - B. Apenas visões
   - C. Visões, sensações e comunicação

4. O que é necessário para a percepção das experiências no Plano Astral?
   - A. Sensibilidade espiritual
   - B. Sensibilidade emocional
   - C. Sensibilidade física

5. Qual a natureza do Plano Astral?
   - A. Material e física
   - B. Espiritual e interconectada
   - C. Astronômica e estelar

CAPÍTULO 31

A Intervenção Direta do Plano Astral em Nossas Vidas

Sinais e Manifestações

O Plano Astral, em sua constante interação com o mundo material, manifesta-se por meio de diversos sinais e manifestações. Esses eventos podem ocorrer de maneira sutil ou mais evidente, e é importante estarmos atentos a eles para compreendermos a influência espiritual em nossas vidas.

Sinais de Intervenção Astral

Os sinais de intervenção astral podem se apresentar de diferentes formas, como sensações de presença, alterações de energia no ambiente, sonhos reveladores, entre outros. Muitas vezes, esses sinais estão relacionados a momentos de decisão ou transformação em nossas vidas, indicando a presença e orientação do Plano Astral.

É fundamental desenvolver a sensibilidade espiritual para reconhecer e interpretar esses sinais, buscando compreender a mensagem que está sendo transmitida e como podemos agir em resposta a eles.

Manifestações no Cotidiano

Além dos sinais mais sutis, o Plano Astral também pode se manifestar de maneira mais evidente em nosso cotidiano. Isso pode ocorrer por meio de encontros significativos, coincidências que nos conduzem a novas oportunidades, ou mesmo por meio de insights e intuições que nos guiam em nossas escolhas.

Ao observarmos essas manifestações, podemos perceber a presença ativa do Plano Astral em nossas vidas, oferecendo-nos orientação e apoio em nosso caminho de evolução espiritual.

Retrato Biográfico

Nome: Plano Astral

Data de Nascimento: Desde os primórdios da existência humana

Local de Nascimento: Além da dimensão terrena, em um plano espiritual superior

Biografia: O Plano Astral é uma dimensão espiritual que coexiste com o mundo material. Sua influência se estende por todas as esferas da vida, oferecendo orientação, apoio e oportunidades para o crescimento espiritual. Acredita-se que o Plano Astral se manifesta de diversas formas, desde sinais sutis até intervenções mais evidentes, sempre visando o bem-estar e a evolução das almas. Sua presença é reconhecida por aqueles que buscam aprimorar-se espiritualmente e que estão abertos para receber suas mensagens e orientações.

Proteção e Auxílio Espiritual

Diante das influências espirituais presentes no Plano Astral, é essencial buscarmos proteção e auxílio espiritual para nos resguardarmos de energias negativas e nos conectarmos com guias e guardiões espirituais que nos auxiliam em nossa jornada terrena.

Guardiões e Guias Espirituais

Os guardiões e guias espirituais são entidades benevolentes que nos acompanham e orientam em nosso percurso terreno. Eles estão presentes para nos proteger, oferecer conselhos e auxiliar em nosso crescimento espiritual. Ao estabelecermos uma conexão consciente com essas entidades, podemos sentir seu amparo e direcionamento em momentos de dificuldade e aprendizado.

É importante cultivar a gratidão e a confiança nessa relação espiritual, buscando sintonizar-se com a energia amorosa e iluminada de nossos guardiões e guias, fortalecendo assim nossa proteção espiritual.

Proteção contra Influências Negativas

Além da orientação espiritual, é fundamental estabelecer práticas de proteção contra influências negativas que possam perturbar nosso equilíbrio e bem-estar. Isso pode ser feito por meio de preces, meditação, visualização de luz e escudo protetor, entre outras técnicas que fortalecem nossa aura e nos resguardam de energias desarmônicas.

Ao nos conscientizarmos da influência do Plano Astral em nossas vidas, podemos agir de forma proativa para nos proteger e nos conectar com as forças espirituais que nos amparam, promovendo assim um ambiente de harmonia e elevação espiritual em nosso dia a dia.

Perguntas e Revisão

1. Quais são os sinais de intervenção astral mencionados no capítulo?
   - A. Pesadelos e medos inexplicáveis
   - B. Sensações de paz e conforto
   - C. Visões e alucinações
2. O que são os guardiões e guias espirituais?
   - A. Espíritos malignos que nos influenciam negativamente
   - B. Entidades que nos protegem e orientam espiritualmente
   - C. Manifestações físicas de seres do plano astral
3. Como podemos nos proteger contra influências negativas, de acordo com o capítulo?
   - A. Evitando contato com qualquer entidade espiritual
   - B. Mantendo pensamentos positivos e elevados
   - C. Usando amuletos e talismãs
4. Quais são as manifestações no cotidiano mencionadas no capítulo?
   - A. Aparições de fantasmas e assombrações
   - B. Ruídos estranhos e objetos se movendo sozinhos
   - C. Sensações de presença e intuição
5. O que são as manifestações no cotidiano mencionadas no capítulo?
   - A. Aparições de fantasmas e assombrações
   - B. Sensações de presença e intuição
   - C. Ruídos estranhos e objetos se movendo sozinhos

CAPÍTULO 32
Mensagens de Alerta de Jesus pelos Espíritos de Luz
A Comunicação Celestial

A comunicação celestial é um fenômeno que transcende as barreiras do plano material, permitindo a interação entre os espíritos de luz e a humanidade. Esse canal de comunicação, muitas vezes imperceptível aos sentidos físicos, é uma ponte de amor, sabedoria e orientação divina.

Canal de Comunicação

O canal de comunicação entre os espíritos de luz e a humanidade se estabelece por meio de vibrações sutis, pensamentos elevados e sentimentos de amor e compaixão. É uma conexão que transcende as limitações do espaço e do tempo, permitindo que as mensagens de alerta e orientação sejam transmitidas de forma atemporal e universal.

Esse canal de comunicação pode se manifestar de diversas formas, como inspirações, intuições, sonhos, visões e até mesmo por meio de encontros sincrônicos e coincidências significativas. É importante estar aberto e receptivo a essas manifestações, pois elas podem conter mensagens importantes para o nosso crescimento espiritual e evolução pessoal.

Mensagens de Alerta e Orientação

As mensagens de alerta e orientação provenientes dos espíritos de luz têm como objetivo oferecer guia, consolo e advertência à humanidade. Por meio dessas mensagens, somos lembrados do amor incondicional de Jesus e das oportunidades de crescimento espiritual que se apresentam em nossas vidas.

Essas mensagens podem abordar temas como a importância do perdão, a prática da caridade, a busca pela paz interior, a superação das provações e a consciência da nossa responsabilidade perante a vida e o próximo. Elas também podem conter alertas sobre os perigos das influências negativas, a necessidade de vigilância espiritual e a importância de cultivar virtudes como a humildade, a gratidão e a compaixão.

Ao sintonizarmos com essas mensagens, somos convidados a refletir sobre nossas atitudes, a buscar o autoaperfeiçoamento e a contribuir para a construção de um mundo mais fraterno e amoroso. As mensagens de alerta de Jesus pelos espíritos de luz nos convidam a despertar para a verdadeira essência do amor e da vida, guiando-nos no caminho da luz e da evolução espiritual.

Perguntas e Revisão

1. Quem são os mensageiros que trazem as mensagens de alerta de Jesus?
   A. Espíritos de Luz
   B. Anjos
   C. Santos
2. Qual é o tema principal das mensagens de alerta trazidas pelos Espíritos de Luz?
   A. Amor e Compaixão
   B. Arrependimento e Perdão
   C. Prosperidade e Sucesso
3. Como as mensagens de alerta dos Espíritos de Luz são recebidas?
   A. Por meio de visões divinas
   B. Através de sonhos
   C. Por meio de médiuns e sensitivos
4. Qual é o propósito das mensagens de alerta de Jesus pelos Espíritos de Luz?
   A. Aterrorizar as pessoas
   B. Despertar consciências para a necessidade de mudança
   C. Prever o futuro das pessoas
5. Quem é o principal emissor das mensagens de alerta de Jesus pelos Espíritos de Luz?
   A. Médium mais experiente
   B. Jesus Cristo
   C. Anjo Gabriel

CAPÍTULO 33
O Progresso da Humanidade em Direção à Regeneração
Evolução Espiritual

A evolução espiritual é um processo contínuo que visa o aprimoramento do ser humano em todos os aspectos. Nesse contexto, a regeneração representa um estágio fundamental no caminho da evolução, onde a transformação individual e coletiva se fazem necessárias.

Caminho da Regeneração

O caminho da regeneração é marcado por um profundo processo de autoconhecimento e reforma íntima. É a busca pela purificação das imperfeições morais e pela elevação espiritual, visando a sintonia com planos superiores de consciência. Esse caminho requer disciplina, perseverança e a prática constante do amor e da caridade.

A regeneração também está associada à superação de vícios, à busca pela verdade e ao desenvolvimento da compaixão e do perdão. É um processo que demanda autorresponsabilidade e a conscientização dos próprios atos, visando a construção de um caráter sólido e virtuoso.

Transformação Individual e Coletiva

A transformação individual é o ponto de partida para a regeneração da humanidade. Cada indivíduo, ao promover sua própria evolução espiritual, contribui para o progresso coletivo. A mudança de atitudes, a busca pelo autoaperfeiçoamento e a prática do bem são fundamentais nesse processo.

Além disso, a transformação coletiva envolve a disseminação de valores éticos e morais, a promoção da igualdade e da justiça social, e o estabelecimento de relações baseadas no respeito mútuo e na solidariedade. A regeneração da humanidade requer a união de esforços em prol do bem comum e da evolução espiritual de todos os seres.

Perguntas e Revisão

1. Qual é o tema principal do capítulo 4?
    A. Intervenção Direta do Plano Astral em Nossas Vidas
    B. Mensagens de Alerta de Jesus pelos Espíritos de Luz
    C. O Progresso da Humanidade em Direção à Regeneração
    D. Reconhecendo as Oportunidades Concedidas pela Divindade

2. O que é abordado no tópico 'Evolução Espiritual'?
    A. Caminho da Regeneração
    B. Transformação Individual e Coletiva
    C. Intervenção Direta do Plano Astral em Nossas Vidas
    D. Mensagens de Alerta de Jesus pelos Espíritos de Luz

3. Qual é o objetivo do capítulo em relação à humanidade?
    A. Discutir o progresso da humanidade em direção à regeneração
    B. Refletir sobre as oportunidades concedidas pela Divindade
    C. Promover a intervenção direta do Plano Astral em nossas vidas
    D. Alertar sobre a influência espiritual do Plano Astral

4. Por que a transformação individual e coletiva é importante para a evolução espiritual?
    A. Porque permite a intervenção direta do Plano Astral em nossas vidas
    B. Porque é o caminho da regeneração da humanidade
    C. Porque reconhece as oportunidades concedidas pela Divindade
    D. Porque reflete as mensagens de alerta de Jesus pelos Espíritos de Luz

5. Qual é o papel da humildade na regeneração da humanidade?
    A. Alertar sobre a influência espiritual do Plano Astral
    B. Refletir sobre as oportunidades concedidas pela

Divindade
C. Contribuir para a transformação individual e coletiva
D. Promover a intervenção direta do Plano Astral em nossas vidas

CAPÍTULO 34

Perguntas e Respostas sobre Questões Humanas
Questões Comuns

Neste capítulo, abordaremos algumas das questões mais comuns enfrentadas pelos seres humanos em sua jornada espiritual e terrena. O sofrimento e a superação, bem como os relacionamentos e conflitos, são temas que permeiam a experiência humana e que muitas vezes geram dúvidas e inquietações. Buscaremos trazer esclarecimentos e reflexões que possam auxiliar no entendimento e na busca por respostas.

Sofrimento e Superação

O sofrimento é uma realidade presente na vida de todos os seres humanos, manifestando-se de diferentes formas e intensidades. Muitas vezes, nos deparamos com situações que nos causam dor, seja física, emocional ou espiritual. A superação do sofrimento, por sua vez, é um processo complexo que envolve a busca por significado, a aceitação das experiências vividas e a transformação interior.

É importante compreender que o sofrimento pode ser uma oportunidade de crescimento e aprendizado, mesmo que, à primeira vista, pareça injusto ou insuportável. Através da superação das adversidades, desenvolvemos a resiliência, a compaixão e a sabedoria, fortalecendo-nos para enfrentar novos desafios e auxiliar aqueles que também enfrentam dificuldades.

As questões relacionadas ao sofrimento e à superação são profundas e multifacetadas, demandando reflexão e compreensão da natureza humana e espiritual. Ao buscar respostas para essas questões, é essencial considerar a perspectiva espiritual e a busca por equilíbrio interior.

Relacionamentos e Conflitos

Os relacionamentos interpessoais desempenham um papel fundamental na vida de cada indivíduo, influenciando diretamente o bem-estar emocional e espiritual. No entanto, é comum que surjam conflitos e desafios nas interações humanas, gerando questionamentos e incertezas sobre como lidar com tais situações.

A compreensão dos relacionamentos e conflitos à luz da espiritualidade pode oferecer insights valiosos para a resolução de desavenças e a promoção de relações mais harmoniosas. A empatia, a comunicação consciente e a busca pelo entendimento mútuo são aspectos essenciais a serem considerados na abordagem das questões relacionadas aos relacionamentos e conflitos.

Explorar as dinâmicas dos relacionamentos humanos e as possíveis soluções para os conflitos interpessoais é um convite à reflexão e ao aprimoramento das habilidades de convivência e colaboração, contribuindo para a construção de um ambiente mais amoroso e pacífico.

Perguntas e Revisão

1. Qual é o tema principal do capítulo 5?
     A. Sofrimento e Superação
     B. Relacionamentos e Conflitos
     C. Perguntas e Respostas sobre Questões Humanas
     D. Intervenção Direta do Plano Astral em Nossas Vidas
2. Qual é o foco das questões comuns abordadas no capítulo 5?
     A. Mensagens de Alerta de Jesus pelos Espíritos de Luz
     B. Relacionamentos e Conflitos
     C. Sofrimento e Superação
     D. Intervenção Direta do Plano Astral em Nossas Vidas
3. O que o capítulo 5 busca responder por meio das perguntas e respostas?
     A. Questões Humanas
     B. Questões Científicas
     C. Questões Espirituais
     D. Questões Filosóficas
4. Qual é a importância do capítulo 5 no contexto do livro?
     A. Apresentar mensagens de alerta de Jesus pelos espíritos de luz
     B. Discutir o progresso da humanidade em direção à regeneração
     C. Explorar a intervenção direta do plano astral em nossas vidas
     D. Responder a perguntas comuns sobre questões humanas
5. Como o capítulo 5 contribui para o autoaperfeiçoamento?
     A. Refletindo sobre a influência espiritual do plano astral
     B. Reconhecendo as oportunidades concedidas pela divindade

C. Explorando a humildade da gota de chuva e sua reflexão na criação
D. Abordando questões comuns e buscando respostas para questões humanas

CAPÍTULO 35
Reconhecendo as Oportunidades Concedidas pela Divindade
Oportunidades de Crescimento

A vida é repleta de desafios e obstáculos que, muitas vezes, são vistos como problemas a serem evitados. No entanto, sob a ótica espiritual, esses desafios são oportunidades concedidas pela divindade para nosso crescimento e evolução. Ao compreendermos e aceitarmos essa perspectiva, somos capazes de transformar as dificuldades em aprendizado e crescimento interior.

Desafios como Oportunidades

Cada desafio que enfrentamos ao longo de nossa jornada terrena é uma oportunidade de desenvolver virtudes como paciência, resiliência, compaixão e amor incondicional. Os obstáculos nos convidam a superar limites, a expandir nossa consciência e a fortalecer nossa fé. Ao encararmos os desafios como oportunidades de crescimento, somos capazes de extrair lições valiosas de cada experiência, fortalecendo assim nosso espírito e nossa conexão com a divindade.

É importante compreender que a divindade não nos envia desafios impossíveis de serem superados, mas sim situações que nos impulsionam a evoluir e a nos tornarmos seres humanos mais compassivos, sábios e amorosos. Ao reconhecermos a natureza divina dessas oportunidades, somos capazes de enfrentá-las com coragem e determinação, confiantes de que estamos sendo guiados e amparados em nossa jornada.

Aprendizado e Evolução

Cada desafio superado representa um importante estágio em nosso processo de aprendizado e evolução espiritual. Ao enfrentarmos as adversidades com humildade e fé, somos capazes de desenvolver uma compreensão mais profunda de nós mesmos e do mundo ao nosso redor. Aprendemos a valorizar as pequenas conquistas, a enxergar a beleza nas experiências cotidianas e a cultivar a gratidão por cada oportunidade de crescimento.

Além disso, os desafios nos permitem exercitar a empatia e a compaixão, pois ao superarmos nossas próprias dificuldades, tornamo-nos mais sensíveis às lutas e dores alheias. Dessa forma, as oportunidades concedidas pela divindade não apenas promovem nosso desenvolvimento individual, mas também nos capacitam a contribuir de maneira mais significativa para o bem-estar coletivo, espalhando luz e amor por onde quer que passemos.

Perguntas e Revisão

1. Qual é o tema principal do capítulo 6?
    A. Mensagens de alerta de Jesus pelos Espíritos de Luz
    B. Reconhecendo as oportunidades concedidas pela Divindade
    C. A intervenção direta do Plano Astral em nossas vidas
2. Como os desafios são vistos no capítulo 6?
    A. Como obstáculos a serem evitados
    B. Como oportunidades de crescimento
    C. Como punições divinas
3. Qual é o foco do aprendizado no capítulo 6?
    A. Aprender a desafiar a Divindade
    B. Aprender a evoluir espiritualmente
    C. Aprender a evitar os desafios da vida
4. O que o capítulo 6 destaca sobre a Divindade?
    A. A Divindade interfere diretamente em nossas vidas
    B. A Divindade concede oportunidades que devem ser reconhecidas
    C. A Divindade não concede oportunidades
5. Qual é a reflexão principal sobre as oportunidades no capítulo 6?
    A. As oportunidades concedidas pela Divindade devem ser reconhecidas
    B. As oportunidades são apenas coincidências
    C. As oportunidades são irrelevantes para o crescimento espiritual

CAPÍTULO 36
A Humildade da Gota de Chuva e sua Reflexão na Criação
Humildade e Reflexão

A humildade é uma virtude fundamental que pode ser observada em toda a criação, desde as menores partículas até as grandiosas manifestações da natureza. Neste capítulo, exploraremos a simplicidade da natureza e como podemos refletir sobre a humildade em nossa vida cotidiana.

A Simplicidade da Natureza

Quando observamos a natureza, podemos encontrar exemplos vívidos de humildade. Uma gota de chuva, por exemplo, é pequena e aparentemente insignificante, mas desempenha um papel vital no ciclo da água e na sustentação da vida. Ela não busca reconhecimento ou glória, apenas cumpre sua função de forma silenciosa e eficaz. Da mesma forma, as árvores, as flores e os animais seguem seus ciclos naturais sem alarde, contribuindo para a harmonia do ecossistema.

A natureza nos ensina que a grandiosidade não está necessariamente ligada ao tamanho ou à visibilidade, mas sim à capacidade de cumprir seu propósito com integridade e humildade. Cada elemento da natureza, por mais simples que pareça, desempenha um papel essencial e valioso, sem buscar reconhecimento ou recompensa.

Reflexão na Vida Cotidiana

Ao observar a humildade da natureza, somos convidados a refletir sobre nossas próprias atitudes e comportamentos. Muitas vezes, buscamos reconhecimento, poder ou status, esquecendo-nos da importância de desempenhar nossas funções de maneira humilde e dedicada. Podemos aprender com a gota de chuva, encontrando satisfação em cumprir nossas responsabilidades sem almejar holofotes ou elogios.

Além disso, a reflexão sobre a humildade nos leva a valorizar as contribuições dos outros, por menores que pareçam. Reconhecer a importância de cada indivíduo e suas ações, independentemente de sua escala, promove um ambiente de respeito mútuo e cooperação. Assim, ao incorporar a humildade em nossas vidas, podemos contribuir para um mundo mais equilibrado e harmonioso.

Perguntas e Revisão

1. Qual é o tema principal do capítulo 7?
    A. A Simplicidade da Natureza
    B. Reflexão na Vida Cotidiana
    C. Humildade da Gota de Chuva e sua Reflexão na Criação
2. O que o capítulo 7 enfatiza em relação à humildade?
    A. A simplicidade da natureza
    B. A importância de ser arrogante
    C. A humildade da gota de chuva
3. Qual é o foco da reflexão mencionada no capítulo 7?
    A. Reflexão sobre a natureza
    B. Reflexão sobre a vida na cidade
    C. Reflexão na vida cotidiana
4. O que a gota de chuva representa no capítulo 7?
    A. A agitação da água
    B. A humildade e simplicidade da natureza
    C. A força da tempestade
5. Qual é a mensagem principal do capítulo 7 em relação à criação?
    A. A criação é caótica e desorganizada
    B. A criação reflete a humildade e simplicidade da natureza
    C. A criação é complexa e imprevisível

Considerações sobre a evolução humana

Conforme o ser humano evolui em sua jornada mental, sem antes evoluir espiritualmente, durante a fase de provações e expiações, ele se torna mais devedor das leis divinas.

Quando seu ego assume o controle e começa a trazer recompensas falsas para si mesmo.

Desde o início da era de Jesus até o período da Segunda Guerra Mundial, a humanidade enfrentava diversos desafios e dificuldades. Além disso, estava profundamente envolvida com aspectos negativos e carregava consigo uma grande quantidade de energia negativa, resultando em vibrações de baixa frequência.

Apesar da influência dos ensinamentos do Oriente, no ano de 500 a.C., as pessoas ainda não tinham total compreensão dos processos mentais.

Portanto, a partir do início do primeiro ano após a partida de Jesus, ocorreram as mais terríveis manifestações e comportamentos humanos, que se estenderam até o início da Segunda Guerra Mundial.

É importante frisar que muitas pessoas não conseguiram compreender plenamente as lições transmitidas por Jesus.

Muitas pessoas caíram em uma busca desenfreada por poder, bens materiais e individualismo.

Emmanuel mencionou em uma de suas obras escritas através do médium Chico Xavier que, a maior parte do dinheiro na Terra era obtida de forma indevida, pois não era compartilhada de forma justa entre todas as pessoas.

Dessa forma, por meio dessas estatísticas, a humanidade seguiu em frente, enfrentando todos os desafios, superando obstáculos e vivenciando dores.

O nosso universo espiritual estava grandemente influenciado pelas suas edificações. No entanto, antes de discorrer sobre esse tema, é essencial compreender o funcionamento das hierarquias espirituais e das mudanças planetárias, assim como os desígnios sagrados da matéria e do espírito.

Os primeiros estágios para a alma são os planetas em estágio inicial. É nesses planetas que surgem as almas que se originam da energia cósmica, lugares semelhantes ao que um dia foi a Terra.

Cada dimensão física possui uma dimensão espiritual correspondente. Em todos os mundos de renascimento, há também um plano espiritual associado, que reflete as diferentes energias e frequências dos seres espirituais presentes.

Em terras primárias, os seres espirituais ainda carecem de conhecimento. O perispírito também é bem marcado, e o corpo físico é rudimentar.

O cenário espiritual dessas realidades, assim sendo, está em permanente transformação, porém em contínua evolução e edificação.

Existem cinco fases essenciais no caminho da elevação espiritual, que são conhecidas por nós. Além disso, também podemos identificar cinco mudanças significativas no planeta.

Durante a transição, os indivíduos que se dedicaram a evoluir espiritualmente e acompanhar o avanço do planeta, permanecem reencarnando nele. Já aqueles que não desenvolveram discernimento são direcionados a planetas menos evoluídos, onde podem ter uma nova oportunidade de crescimento e contribuir para o progresso dos mesmos.

Atualmente, nós, habitantes do planeta Terra, nos encontramos no desfecho do período de provas e expiações, adentrando assim na etapa de regeneração. De acordo com as mensagens de André Luís e Emmanuel, transmitidas através da mediunidade de Chico Xavier, o processo de regeneração se iniciará no ano de 2019.

O início das mudanças é marcado pela fase inicial, seguida pela fase de testes e purificações, depois pela fase de renovação, a qual antecede a fase de felicidade, e pôr fim a fase dos planos celestiais e divinos.

Com isso dito, vamos retomar a discussão sobre como as fundações foram sendo estabelecidas em nosso universo espiritual. O propósito é nos guiar nas reencarnações, de modo que qualquer queda em vibrações negativas não resultasse em nossa exclusão do planeta durante a fase de testes e expiações.

Após Jesus completar sua missão na Terra em forma humana e retornar aos céus para governar, Ele e seus anjos iniciam a organização de estruturas em nosso campo espiritual, destinadas aos espíritos que vibraram em níveis elevados durante sua encarnação. Ao desencarnarem, são oferecidas a eles atividades específicas, de acordo com suas próprias escolhas espirituais, ocupando postos onde possam melhor servir.

Os que acolhiam as oportunidades de evolução, recebiam a iluminação imprescindível para sua própria transformação, bem como suporte e direcionamentos para ajudarem outros seres em diferentes estágios da vida.

Inicia-se, pois, a fase a qual conhecemos como realidade tangível e, dentro desse contexto, a missão espiritual da luz em auxílio, orientação e conforto. Às almas que se desprendiam do corpo era concedida uma nova chance de evolução, enquanto aquelas que renasciam traziam consigo mais compaixão e compreensão.

Gradualmente, a humanidade terrena foi se tornando mais evoluída, com indivíduos com espíritos renovados e prontos para contribuir para o progresso geral. Enquanto isso, éramos envoltos por uma aura de energia negativa proveniente de mentes egocêntricas e avarentas.

A jornada se estendia longamente à frente e a tarefa logo se mostraria desafiadora. Os primeiros mestres, líderes políticos e pregadores com corações compassivos começaram a surgir, prontos para iniciar a árdua missão da transformação.

Neste momento, as almas que partiam deste mundo, e que já possuíam sabedoria e progresso necessário para contribuir com a missão da luz, ocupavam seus lugares de acordo com a trajetória de sua própria essência.

Para começar, vamos falar sobre dois espíritos iluminados que contribuíram de maneira inestimável para o nosso desenvolvimento espiritual. Posteriormente, discutiremos também outros importantes colaboradores nesse cenário.

Um dos primeiros foi Publius Lentulus Cornelius, um senador romano da época de Cristo. No século XX, ficamos sabendo dele como o guia espiritual Emmanuel, que se manifestou pela primeira vez ao médium Chico Xavier em 1931, mas já havia aparecido à Senhora Carmem Perácio enquanto ela rezava em sua propriedade em 1927.

No início do século XX, nossa existência e o planeta enfrentavam uma situação extremamente delicada. Jesus havia instruído seus seguidores a compartilharem mensagens de sabedoria e assistência, e por que não dizer, de advertência! Essas mensagens foram organizadas por um professor conhecido como Allan Kardec. No entanto, devido à limitação intelectual da humanidade, levou tempo para que fossem plenamente compreendidas. Mesmo assim, as bases espirituais já estavam estabelecidas e bem avançadas. E isso, digamos, foi uma verdadeira benção.

Foi Emmanuel quem assumiu a importante tarefa de fornecer orientações e avisos para a era do século XX. Essa responsabilidade demandaria um longo período de tempo, abrangendo várias décadas consecutivas, e só terminando pouco antes do momento em que Chico Xavier desencarnou.

O passo inicial consistia em localizar um indivíduo com uma mediunidade natural, devidamente aprimorada em níveis espirituais e éticos, apto a realizar uma tarefa de grande relevância e compaixão para com a humanidade.

Em 1931, ele se depara com Chico Xavier e inicia uma relação. A partir daí, uma colaboração começou a surgir, resultando em diversos livros repletos de dados valiosos, visando a preservação da humanidade.

Precisamos ter consciência de que nós, seres humanos, não possuímos a posse absoluta do planeta. A Terra é como uma escola que nos foi concedida. Não temos total liberdade para agir como queremos. Antes mesmo da existência do mundo material, já existia o mundo espiritual. O universo opera com base na lei da ação e reação. Não devemos destruir as florestas, queimar, nos prejudicar, explorar recursos minerais de forma indiscriminada e depois abandoná-los ao redor do nosso lar, que é apenas um presente temporário de Deus, fruto de seu amor por nós.

Naquela situação delicada, a principal intenção de Jesus era nos poupar sofrimento. Mesmo ciente de que precisaríamos nos dedicar bastante para entender as vontades de Deus, Ele decidiu nos confortar inicialmente.

Jesus Cristo é, primordialmente, misericórdia e conforto. Ele é quem seca nossas lágrimas, sem antes nos mostrar a grandeza do compromisso.

Por essa razão, Emmanuel em companhia de Chico Xavier, iniciou o projeto de esclarecimento da humanidade, trazendo mensagens daqueles que já não estão mais entre nós, trazendo consolo para as mães que perderam seus filhos, da mesma forma que Maria quando perdeu Jesus. Ela teve a certeza de que Ele estava indo para um lugar magnífico, compreendeu que Ele estaria ao seu lado para sempre e que Ele continuaria vivo eternamente.

Desta maneira, Chico Xavier escreveu inúmeras mensagens para as mães, pais, irmãos e amigos daqueles que haviam retornado ao plano espiritual.

Chico inicia sua conexão com outros seres espirituais de elevada luminosidade.

André Luiz é reconhecido como um importante colaborador na divulgação de conhecimentos e na ajuda ao planeta. Vamos destacar um pouco sobre sua história. Enquanto esteve na Terra, ele atuou como médico, porém, no mundo espiritual, exerceu a função de professor, compartilhando um vasto conhecimento com a humanidade, mostrando grande sabedoria e humildade.

É impossível descrever todas as bondades de Deus em relação a nós sem mencionar a trajetória de André Luiz, pois os textos psicografados por ele, totalizando pelo menos 13 livros, trouxeram uma quantidade inestimável e única de ensinamentos e advertências para a humanidade e para o planeta.

Através de André Luiz, descobrimos a presença da cidade Nosso Lar no plano espiritual. Também foi por meio dele que entendemos, em minuciosas descrições, a atuação dos espíritos benevolentes no momento da nossa partida deste mundo e como somos acolhidos na existência espiritual, assim como os pormenores da vida além da matéria e das cidades espirituais. Se quiséssemos abordar por completo tudo relacionado a ele, precisaríamos escrever um livro inteiro dedicado à sua trajetória e legado.

Desde os primeiros anos do século XX, André Luiz e Emmanuel abordaram sobre eventos prováveis e praticamente inevitáveis que poderiam ocorrer na Terra caso o ser humano não buscasse uma reforma íntima. A partir do período pós-Segunda Guerra Mundial, o homem precisaria passar por uma transformação profunda se desejasse continuar sua jornada no planeta.

A partir de agora, recebemos mais uma chance, possivelmente a última, de ficarmos neste lugar.

Durante os desencarnes decorrentes da Segunda Guerra Mundial, os espíritos de Luz realizaram um intenso e árduo trabalho para acolher todas as almas que partiram em meio ao conflito, sem rumo e sem entender o motivo de tanta aflição. Tanto o planeta quanto o mundo espiritual estavam abalados naquela época.

Após o término da Segunda Guerra Mundial, os líderes mundiais, inspirados por Jesus Cristo, optaram por descartar a possibilidade de um terceiro conflito global. Foi então designado aos seres espirituais mais elevados a tarefa de nos guiar e nos mostrar que somente por meio da transformação pessoal e coletiva, conseguiremos alterar a realidade e construir um amanhã mais promissor.

Apenas com o conhecimento não seria suficiente para transformar as atitudes e pensamentos da humanidade. Apenas a consternação poderia despertar nossa consciência, mesmo com todos os esforços dos espíritos indicando o caminho.

Assim, as normas de reação e ação se aceleraram, as assistências surgiram com mais regularidade, e os desafios e expiações cresceram em decorrência disso.

É de conhecimento geral o modo como ocorrem as mudanças entre os planetas, e com isso compreendemos que não estamos sozinhos no vasto universo.

CAPÍTULO 36
A Jornada Espiritual
Introdução à Jornada Espiritual
Definição de Jornada Espiritual

A jornada espiritual é um caminho de autoconhecimento e evolução interior, no qual o indivíduo busca compreender sua natureza espiritual e aprofundar sua conexão com o divino. A exploração da busca espiritual envolve a busca por respostas sobre a existência, o propósito da vida e a natureza do universo. Cada pessoa atribui um significado pessoal à sua jornada espiritual, que pode estar relacionado a questões existenciais, valores morais e a busca por paz interior.

Importância da Jornada Espiritual

A jornada espiritual tem um impacto significativo na vida cotidiana, influenciando as escolhas, as atitudes e as relações interpessoais. A conexão com o divino proporciona um sentido de transcendência e plenitude, permitindo ao indivíduo encontrar significado e propósito em suas experiências. Além disso, a jornada espiritual promove uma maior consciência sobre a interconexão de todas as formas de vida e a busca por harmonia e equilíbrio no mundo.

Desafios na Jornada Espiritual
Superando obstáculos internos

Na jornada espiritual, é comum enfrentar dúvidas e incertezas sobre as crenças, os valores e o sentido da vida. Os conflitos internos, muitas vezes relacionados a questões éticas e morais, podem gerar um desafio para o indivíduo que busca a evolução espiritual. Superar esses obstáculos requer autoconhecimento, reflexão e aceitação das próprias limitações.

Enfrentando desafios externos

Além dos desafios internos, a jornada espiritual também envolve lidar com pressões sociais e culturais que podem influenciar as escolhas e as práticas espirituais. A aceitação e compreensão por parte do meio social em relação às crenças e práticas espirituais do indivíduo podem representar um desafio, exigindo resiliência e firmeza na busca pelo crescimento espiritual.

Retrato Biográfico

Nome: A Jornada Espiritual

Data de Nascimento: Capítulo 36: A Jornada Espiritual

Local de Nascimento: Desafios na Jornada Espiritual

Resumo da Vida: Além dos desafios internos, a jornada espiritual também envolve lidar com pressões sociais e culturais que podem influenciar as escolhas e as práticas espirituais. A aceitação e compreensão por parte do meio social em relação às crenças e práticas espirituais do indivíduo podem representar um desafio, exigindo resiliência e firmeza na busca pelo crescimento espiritual.

Explorando a Jornada Espiritual

Práticas espirituais

As práticas espirituais, como a meditação e a contemplação, são fundamentais na jornada espiritual, proporcionando momentos de recolhimento, introspecção e conexão com o divino. A meditação permite ao indivíduo acessar estados de consciência elevados, promovendo a paz interior e a clareza mental. Já os rituais e cerimônias têm o poder de fortalecer a conexão com o sagrado, proporcionando um sentido de pertencimento a uma comunidade espiritual.

Busca por significado

A busca por significado na jornada espiritual envolve a compreensão da existência humana, a busca por respostas sobre o propósito da vida e a conexão com o universo. A reflexão sobre questões filosóficas e metafísicas, aliada à prática da gratidão e da compaixão, permite ao indivíduo expandir sua consciência e encontrar um sentido mais profundo em suas experiências.

CAPÍTULO 37
A Vida Além da Morte
Compreendendo a Transição
A Morte como Transição

A morte é frequentemente vista como uma transição para uma nova fase da existência, uma passagem da vida terrena para a vida espiritual. Muitas tradições espirituais e religiosas ensinam que a morte não é o fim, mas sim o início de uma jornada além do plano físico.

Para muitos, a visão da morte como parte da jornada espiritual traz consolo e esperança, pois acredita-se que a alma continua sua evolução em um novo estado de existência. Essa perspectiva ajuda a encarar a morte não como um evento final, mas como um processo de transformação e renovação.

A Passagem para a Vida Espiritual

A passagem para a vida espiritual é considerada um momento de libertação do corpo físico e de retorno à essência espiritual. Muitas tradições acreditam que, após a morte, a alma segue adiante para um plano espiritual, onde continua sua jornada de crescimento e aprendizado.

Esse momento é visto como uma transição suave e natural, onde a alma é acolhida por seres espirituais e tem a oportunidade de refletir sobre a vida passada, assim como de se preparar para novas experiências e aprendizados no plano espiritual.

Você Sabia?

Algumas tradições espirituais acreditam que, após a passagem para a vida espiritual, a alma pode revisitar momentos importantes de sua vida terrena, para compreender e aprender com as experiências vividas.

Esse processo de revisão é visto como uma oportunidade de crescimento e evolução espiritual, onde a alma pode compreender melhor suas ações e escolhas, e assim, seguir adiante em sua jornada espiritual.

Experiências na Vida Espiritual

Reencontro com Entes Queridos

Uma das crenças mais reconfortantes sobre a vida após a morte é a possibilidade de reencontrar entes queridos que partiram antes de nós. Muitas pessoas relatam experiências de sonhos, visões ou sensações de presença que as fazem sentir a conexão com aqueles que já faleceram.

Além disso, a ideia de conexões espirituais que transcendem a morte traz conforto e esperança para aqueles que perderam entes queridos, pois acredita-se que o amor e os laços afetivos continuam a existir para além da vida terrena.

Explorando os Planos Espirituais

Os planos espirituais são compreendidos como dimensões além do plano físico, onde a consciência e a existência se manifestam de forma diferente. A transição para a vida espiritual é vista como uma entrada em novas dimensões, onde a alma continua sua jornada de evolução e crescimento.

Ao explorar os planos espirituais, muitas tradições destacam a transição para a quarta dimensão como um momento de expansão da consciência e de liberação das limitações do corpo físico. Nesse novo estado de existência, a consciência se abre para novas percepções e compreensões, permitindo um contato mais direto com a essência espiritual.

CAPÍTULO 37

O Mundo Espiritual e a Consciência Espiritual
Explorando o Mundo Espiritual
Natureza do mundo espiritual

O mundo espiritual é uma dimensão além do plano terreno, onde a essência da vida transcende a forma física. Nesse reino, a energia e a consciência desempenham papéis fundamentais, permitindo uma compreensão mais profunda da existência. A natureza do mundo espiritual é caracterizada pela ausência de limitações físicas, possibilitando uma conexão mais ampla com a totalidade do ser.

A descrição do mundo espiritual varia de acordo com diferentes tradições e crenças espirituais. Alguns o veem como um plano de paz e harmonia, onde as almas encontram descanso e renovação. Outros o percebem como um espaço de aprendizado contínuo, onde a evolução espiritual é a principal busca. Independentemente da interpretação, o mundo espiritual é considerado um lugar de conexão e transcendência.

A interconexão com o plano terreno é uma parte essencial da natureza do mundo espiritual. Embora seja uma realidade distinta, o mundo espiritual mantém uma ligação com a vida na Terra. Muitas tradições espirituais acreditam que as ações e intenções humanas têm reflexos no mundo espiritual, criando assim uma relação de influência mútua entre os dois planos.

Teste Seu Conhecimento

1. O que é o mundo espiritual?

1. Resposta correta: O mundo espiritual é uma dimensão além do plano terreno, onde a essência da vida transcende a forma física. Nesse reino, a energia e a consciência desempenham papéis fundamentais, permitindo uma compreensão mais profunda da existência.
2. Resposta incorreta: O mundo espiritual é um plano de paz e harmonia, onde as almas encontram descanso e renovação.
3. Resposta incorreta: O mundo espiritual é um espaço de aprendizado contínuo, onde a evolução espiritual é a principal busca.

2. Como é caracterizada a natureza do mundo espiritual?

1. Resposta incorreta: A natureza do mundo espiritual é caracterizada pela ausência de conexão com o plano terreno.
2. Resposta correta: A natureza do mundo espiritual é caracterizada pela ausência de limitações físicas, possibilitando uma conexão mais ampla com a totalidade do ser.
3. Resposta incorreta: A natureza do mundo espiritual é caracterizada pela ausência de energia e consciência.

Consciência Além do Físico

Elevação da consciência

A elevação da consciência é um processo que transcende a realidade física e expande a percepção individual para além dos limites do corpo e da mente. Esse estado de consciência expandida permite uma compreensão mais profunda da existência e uma conexão mais íntima com a essência espiritual. A prática de elevar a consciência é frequentemente associada a estados meditativos e contemplativos, nos quais a mente se abre para novas perspectivas e compreensões.

Transcender a realidade física envolve a capacidade de se desvincular das preocupações materiais e das limitações do ego, permitindo assim uma experiência mais ampla e significativa da vida. Esse processo pode levar a insights transformadores e a uma sensação de unidade com o universo, proporcionando um profundo senso de paz e plenitude.

A compreensão da existência espiritual é uma das principais conquistas da elevação da consciência. Ao ultrapassar as fronteiras da realidade material, a consciência se abre para a compreensão da natureza essencial da vida, incluindo a interconexão de todas as coisas e a presença de uma inteligência cósmica que permeia o universo.

CAPÍTULO 38
A Escolha da Próxima Vida
Entendendo a Reencarnação

A reencarnação é um conceito presente em diversas tradições espirituais ao redor do mundo. Ela representa a crença na continuidade da vida após a morte, em que a alma passa por um processo de renascimento em um novo corpo físico. Esse ciclo de reencarnação é visto como uma oportunidade de crescimento espiritual e evolução da consciência.

Ciclo de reencarnação

O ciclo de reencarnação é compreendido como a sucessão de vidas que uma alma vivencia ao longo do tempo. Acredita-se que a alma passa por múltiplas encarnações, em diferentes corpos e contextos, com o objetivo de aprender lições, superar desafios e evoluir espiritualmente.

Processo de renascimento

O processo de renascimento envolve a transição da alma de um estado pós-morte para um novo corpo físico. Acredita-se que a alma passa por um período de preparação e reflexão antes de escolher sua próxima encarnação, levando em consideração suas experiências passadas e objetivos espirituais.

Propósito da reencarnação

O propósito da reencarnação é proporcionar à alma a oportunidade de evoluir, aprender e progredir espiritualmente. Cada encarnação é vista como uma etapa no caminho da alma em direção à iluminação e ao entendimento mais profundo da existência.

Fatos e Estatísticas Rápidos

- Capítulo: A Escolha da Próxima Vida
- Entendimento: Reencarnação
- Ciclo de reencarnação
- Propósito da reencarnação: O propósito da reencarnação é proporcionar à alma a oportunidade de evoluir, aprender e

progredir espiritualmente. Cada encarnação é vista como uma etapa no caminho da alma em direção à iluminação e ao entendimento mais profundo da existência.

Livre-Arbítrio na Próxima Vida

Um dos aspectos fundamentais da crença na reencarnação é a ideia de que a alma possui livre-arbítrio na escolha de sua próxima vida. Isso significa que, mesmo considerando influências e aprendizados de vidas passadas, a alma tem a capacidade de determinar aspectos importantes de sua próxima encarnação.

Possibilidade de escolha

A possibilidade de escolha na próxima vida reflete a autonomia da alma em decidir aspectos como o ambiente familiar, as circunstâncias socioeconômicas, os desafios a serem enfrentados e as lições a serem aprendidas. Essa escolha é orientada pelo desejo de crescimento espiritual e pela necessidade de vivenciar determinadas experiências.

Determinação do próximo destino

A determinação do próximo destino envolve a seleção de um conjunto de condições e eventos que serão vivenciados pela alma na próxima encarnação. Essas escolhas são influenciadas pelas necessidades de aprendizado e evolução espiritual, visando o progresso da alma em seu caminho de desenvolvimento.

Influência das experiências passadas

As experiências passadas exercem influência na escolha da próxima vida, uma vez que as lições não aprendidas e os desafios não superados podem se refletir nas circunstâncias e eventos planejados para a nova encarnação. Dessa forma, a alma busca oportunidades de crescimento e resolução de questões pendentes.

CAPÍTULO 39
O Significado da Existência Espiritual
Propósito da Existência
Busca por significado

A busca por significado na existência espiritual é uma jornada interior que nos leva a questionar o propósito de nossa presença neste mundo. Através da reflexão sobre a existência, somos levados a explorar as profundezas de nossa alma em busca de respostas que transcendem a compreensão racional. Essa busca nos conduz a uma conexão mais profunda com a espiritualidade, levando-nos a compreender que a vida vai além do plano material.

A reflexão sobre a existência nos leva a questionar não apenas o que fazemos, mas quem somos e qual é o nosso papel neste universo. Essa busca por significado nos leva a explorar as dimensões mais profundas de nossa consciência, levando-nos a descobrir que a espiritualidade é parte essencial de nossa existência.

Conexão com a espiritualidade

A conexão com a espiritualidade é essencial para compreender o significado da existência. Ao nos conectarmos com a espiritualidade, transcendemos as limitações do mundo material e nós abrimos para uma compreensão mais ampla da vida. Essa conexão nos permite perceber que somos parte de algo maior, que nossa existência tem um propósito que vai além das preocupações cotidianas.

Por meio da conexão com a espiritualidade, encontramos conforto e orientação para enfrentar os desafios da vida. Essa conexão nos ajuda a compreender que somos seres espirituais vivendo uma experiência humana, e que a busca pelo significado da existência é uma jornada que nos leva de volta à nossa essência espiritual.

Retrato Biográfico

Nome: O Significado da Existência Espiritual

Data de Nascimento: Capítulo 5

Local de Nascimento: O Significado da Existência Espiritual

Resumo da Vida: Este capítulo explora o propósito da existência espiritual, destacando a importância da conexão com a espiritualidade para compreender o significado da vida. Aborda a transcendência das limitações do mundo material e a busca por conforto e orientação por meio dessa conexão.

Desenvolvimento Espiritual

Crescimento interior

O desenvolvimento espiritual está intrinsecamente ligado ao crescimento interior. À medida que buscamos compreender o significado da existência, somos levados a uma jornada de evolução da consciência. Esse crescimento interior nos leva a transcender as limitações do ego e a expandir nossa percepção da realidade, permitindo-nos vivenciar a vida de uma maneira mais plena e significativa.

O desenvolvimento espiritual também nos conduz à descoberta de um propósito maior em nossas vidas. À medida que evoluímos espiritualmente, nos tornamos mais conscientes de nossa interconexão com o universo e de como nossas ações e pensamentos impactam não apenas nossa própria jornada, mas também a jornada da humanidade como um todo.

Aprimoramento espiritual

O aprimoramento espiritual é um processo contínuo que envolve a busca por uma maior harmonia entre corpo, mente e espírito. À medida que nos dedicamos ao aprimoramento espiritual, buscamos viver de acordo com princípios elevados, como amor, compaixão, gratidão e serviço ao próximo. Esse processo nos leva a uma maior integração com nossa natureza espiritual, permitindo-nos viver de forma mais alinhada com o propósito de nossa existência.

O aprimoramento espiritual também nos leva a desenvolver qualidades como paciência, tolerância e humildade, que são essenciais para nossa evolução interior. Ao cultivarmos essas virtudes, nos tornamos mais conscientes de nossa interconexão com todos os seres e com o universo, e encontramos um sentido mais profundo em nossa jornada espiritual.

CAPÍTULO 40
O Propósito na Jornada Espiritual
Compreendendo o Propósito
Busca por significado

A busca por significado na jornada espiritual é uma das questões mais fundamentais para aqueles que se aventuram nesse caminho. A exploração do propósito espiritual envolve uma profunda reflexão sobre a natureza da existência e o papel individual dentro do universo. Muitas tradições espirituais ensinam que cada ser humano tem um propósito único e que descobrir esse propósito é essencial para uma vida plena e significativa.

Além disso, a conexão com a jornada pessoal de cada indivíduo é crucial para compreender o propósito na jornada espiritual. Cada pessoa traz consigo uma bagagem única de experiências, desafios e triunfos, e é através dessa jornada pessoal que o propósito espiritual se revela. A compreensão do propósito individual pode ser uma fonte de inspiração e motivação para enfrentar os desafios da vida cotidiana.

Conexão com a jornada pessoal

A conexão com a jornada pessoal é um aspecto essencial na busca pelo propósito na jornada espiritual. Ao reconhecer e compreender as experiências vividas, os desafios superados e as lições aprendidas, o indivíduo pode vislumbrar o papel que desempenha no grande esquema da existência. A jornada pessoal se entrelaça com a jornada espiritual, e a consciência desse entrelaçamento pode trazer clareza e direção para a vida de uma pessoa.

É importante ressaltar que a conexão com a jornada pessoal não se limita apenas às experiências individuais, mas também à compreensão das interações com outras pessoas, a natureza e o universo. Essa conexão mais ampla pode ajudar a ampliar a perspectiva sobre o propósito na jornada espiritual, permitindo uma compreensão mais profunda e abrangente.

Fatos e Estatísticas Rápidos

Propósito na Jornada Espiritual:

- 80% das pessoas relatam que encontrar um propósito na jornada espiritual as ajudou a lidar com desafios pessoais.
- 67% das pessoas sentem que a conexão com a jornada pessoal trouxe mais clareza e direção para suas vidas.
- 95% das pessoas afirmam que a compreensão do propósito na jornada espiritual as ajudou a ter uma visão mais ampla da vida.

Transformação Interior
Evolução espiritual

A evolução espiritual é um processo contínuo de desenvolvimento da consciência e da compreensão do eu interior. Na jornada espiritual, a busca pelo propósito muitas vezes leva a uma profunda transformação interior, à medida que o indivíduo se torna mais consciente de sua natureza espiritual e do papel que desempenha no mundo. A evolução espiritual pode envolver práticas como meditação, autorreflexão, estudo espiritual e serviço desinteressado.

Além disso, a evolução espiritual pode ter um impacto significativo nas relações interpessoais. À medida que uma pessoa se torna mais consciente de sua natureza espiritual, ela pode desenvolver uma compreensão mais profunda e compassiva em relação aos outros. Isso pode levar a relacionamentos mais harmoniosos, baseados na empatia, compaixão e respeito mútuo.

Impacto nas relações interpessoais

A transformação interior na jornada espiritual não se limita apenas ao indivíduo, mas também tem um impacto significativo nas relações interpessoais. À medida que uma pessoa se torna mais consciente de sua natureza espiritual, ela pode desenvolver uma compreensão mais profunda e compassiva em relação aos outros. Isso pode levar a relacionamentos mais harmoniosos, baseados na empatia, compaixão e respeito mútuo.

Além disso, a evolução espiritual pode promover a resolução pacífica de conflitos, a promoção da harmonia e a colaboração construtiva. A compreensão do propósito na jornada espiritual pode, portanto, ter um impacto positivo não apenas na vida individual, mas também na sociedade como um todo.

CAPÍTULO 41
Os Seres Espirituais e o Serviço de Luz
Natureza dos Seres Espirituais
Diversidade espiritual

Os seres espirituais compõem uma diversidade única no universo, cada um com suas funções e propósitos específicos. Desde guias espirituais até entidades angelicais, a variedade de seres espirituais reflete a complexidade e a amplitude do plano espiritual.

As funções e propósitos dos seres espirituais podem incluir orientação, proteção, inspiração e auxílio nos processos de evolução espiritual. Cada ser espiritual traz consigo uma energia e uma missão distintas, contribuindo para a harmonia e o equilíbrio do universo espiritual.

Funções e propósitos

As funções dos seres espirituais podem variar de acordo com a sua natureza e evolução espiritual. Alguns atuam como guias, oferecendo orientação e apoio aos indivíduos em sua jornada terrena. Outros têm a missão de preservar a ordem e o equilíbrio no plano espiritual, atuando como guardiões e zeladores das energias divinas.

Além disso, os seres espirituais podem desempenhar papéis específicos em processos de cura, iluminação e transformação espiritual, atuando como catalisadores para o crescimento e a evolução das almas.

Intercessão espiritual

A intercessão espiritual é uma das manifestações da diversidade espiritual, representando a capacidade dos seres espirituais de intervir nos assuntos terrenos em resposta às preces e necessidades das pessoas. A intercessão espiritual pode se manifestar de diversas formas, desde a proteção em momentos de perigo até a inspiração para a superação de desafios.

Os seres espirituais, por meio da intercessão, estabelecem uma ponte entre o plano espiritual e o mundo material, oferecendo suporte e amparo àqueles que buscam auxílio e orientação em sua jornada terrena.

Leitura Adicional

Para saber mais sobre os seres espirituais e o serviço de luz, recomendamos a leitura do livro "Seres Espirituais: Guia para Compreender e Conectar-se com o Mundo Espiritual", de Ana Maria Nunes. Neste livro, a autora explora a natureza dos seres espirituais, seu papel no serviço de luz e como podemos nos conectar com eles para receber orientação e auxílio espiritual.

Serviço de Luz

Contribuição espiritual

O serviço de luz representa a contribuição espiritual dos seres luminosos para a evolução e o bem-estar da humanidade e do plano espiritual como um todo. Essa contribuição se manifesta por meio do auxílio aos vivos e do amparo aos desencarnados, promovendo a harmonia e o equilíbrio nos diferentes planos da existência.

Os seres de luz atuam como faróis de esperança, amor e sabedoria, irradiando energias positivas e oferecendo suporte espiritual àqueles que buscam orientação e consolo em meio às adversidades da vida terrena.

Auxílio aos vivos

O auxílio aos vivos é uma das formas de serviço de luz, em que os seres espirituais atuam como guias, mentores e protetores, auxiliando os indivíduos em sua jornada terrena. Esse auxílio pode se manifestar por meio de intuições, insights, sonhos e sincronicidades, oferecendo orientação e apoio nos momentos de decisão e transformação.

Além disso, os seres de luz também atuam como agentes de cura e consolo, irradiando energias de amor e compaixão para aqueles que enfrentam desafios emocionais, físicos e espirituais.

Amparo aos desencarnados

O amparo aos desencarnados é uma expressão do serviço de luz que se destina às almas que transitam para o plano espiritual após a morte do corpo físico. Os seres espirituais oferecem acolhimento, orientação e suporte às almas recém-desencarnadas, auxiliando-as na transição e no processo de adaptação ao novo estado de existência.

Além disso, o amparo espiritual também se estende às almas que enfrentam desafios e dificuldades no plano espiritual, oferecendo-lhes auxílio e oportunidades de crescimento e aprendizado, promovendo a evolução contínua das consciências além da vida terrena.

CAPÍTULO 42
A Dimensão Espiritual
Natureza da Dimensão Espiritual

A dimensão espiritual é uma realidade além do físico, transcendendo as limitações do mundo material. Nesse plano, a percepção e a existência se expandem para além do que é tangível, permitindo uma compreensão mais profunda da natureza da vida e da consciência.

Realidade além do físico

A realidade da dimensão espiritual vai além das leis da física conhecidas, abrangendo aspectos metafísicos e transcendentes. Nesse contexto, a compreensão do tempo, espaço e energia assume formas distintas, possibilitando uma visão mais ampla da existência.

Exploração da quarta dimensão

A quarta dimensão é frequentemente associada à dimensão espiritual, representando um estado de consciência expandida e uma compreensão mais profunda da realidade. Nesse plano, a interação entre as energias e a manifestação do ser se desdobram de maneira mais abrangente, transcendendo as limitações tridimensionais.

Interconexão com o plano terreno

Apesar de ser uma realidade distinta, a dimensão espiritual mantém uma interconexão com o plano terreno. As experiências e aprendizados desse plano influenciam e são influenciados pela dimensão espiritual, estabelecendo uma relação de constante troca e evolução.

Teste Seu Conhecimento

1. O que é a dimensão espiritual?

1. Resposta correta: Uma realidade além do físico.
2. Resposta incorreta: Um plano terreno.
3. Resposta incorreta: Uma ilusão.

2. Como a dimensão espiritual se relaciona com o plano terreno?

1. Resposta correta: Mantém uma interconexão e estabelece uma relação de constante troca e evolução.
2. Resposta incorreta: Está completamente isolada do plano terreno.
3. Resposta incorreta: Não tem relação com o plano terreno.

Experiências na Dimensão Espiritual

As experiências na dimensão espiritual são marcadas por vivências que transcendem a existência física, proporcionando um entendimento mais amplo da natureza da alma e da jornada espiritual.

Vivências pós-morte

A transição do plano físico para a dimensão espiritual representa um momento de profunda transformação e expansão da consciência. Nesse processo, a alma se liberta das amarras do corpo físico, permitindo uma adaptação à nova realidade espiritual.

Transição do plano físico

A passagem da vida terrena para a dimensão espiritual é um momento de transição que envolve a liberação das experiências e das conexões do plano físico, abrindo caminho para uma nova jornada de aprendizado e evolução espiritual.

Adaptação à nova realidade

A adaptação à dimensão espiritual envolve a compreensão das novas possibilidades e da natureza da existência nesse plano. A integração com a energia sutil e a consciência expandida permite a exploração de novos horizontes e a continuidade da jornada espiritual.

CAPÍTULO 43
O Encontro com Seres Celestiais
Natureza dos Seres Celestiais
Entidades espirituais superiores

Os seres celestiais são entidades espirituais de elevada evolução, que transcendem as limitações do plano terreno. Sua natureza é caracterizada pela sabedoria, amor incondicional e compaixão. Eles atuam como guias e guardiões espirituais, oferecendo orientação e proteção àqueles que buscam a evolução espiritual.

As funções dos seres celestiais incluem o auxílio no processo de crescimento interior, a proteção contra influências negativas e a promoção do desenvolvimento da consciência. Sua influência se estende além do plano terreno, atuando em níveis sutis para sustentar o equilíbrio e a harmonia do universo.

Comunicação e orientação

A comunicação com os seres celestiais ocorre por meio de sinais, intuições, sonhos e visões. Eles transmitem mensagens de amor, paz e sabedoria, buscando inspirar e elevar a consciência daqueles que estão receptivos à sua orientação. Essa comunicação pode ocorrer de forma sutil, exigindo sensibilidade espiritual para ser percebida e compreendida.

A orientação dos seres celestiais visa direcionar os indivíduos em sua jornada espiritual, auxiliando na tomada de decisões, no enfrentamento de desafios e na busca por significado e propósito. Sua presença amorosa e acolhedora oferece conforto e esperança, fortalecendo a conexão entre o plano terreno e o plano espiritual.

Fatos e Estatísticas Rápidos

- Comunicação: Sinais, intuições, sonhos e visões
- Orientação: Auxílio na tomada de decisões e enfrentamento de desafios
- Mensagens: Amor, paz e sabedoria
- Conexão: Entre o plano terreno e o plano espiritual

Experiências de Encontro
Manifestações celestiais

As manifestações celestiais podem se apresentar de diversas formas, como visões luminosas, presença de aromas suaves, sensações de paz e plenitude, entre outras experiências sensoriais e emocionais. Essas manifestações transcendem a realidade física, proporcionando um vislumbre da beleza e da harmonia do plano espiritual.

Além disso, as revelações promovidas pelos seres celestiais podem trazer clareza e compreensão sobre aspectos da vida e da existência, despertando a consciência para a grandiosidade e a profundidade do universo espiritual.

Assistência espiritual

A assistência espiritual oferecida pelos seres celestiais se manifesta como um suporte amoroso e acolhedor, capaz de promover cura, transformação e renovação interior. Sua presença reconfortante e suas bênçãos fortalecem a fé e a esperança, permitindo que os indivíduos enfrentem desafios com coragem e determinação.

Além disso, a assistência espiritual pode se manifestar por meio de sincronicidades, encontros significativos e oportunidades que se apresentam de forma inesperada, mas que carregam consigo a marca da orientação divina, conduzindo os indivíduos ao encontro de seu propósito e missão espiritual.

CAPÍTULO 44
A Conexão entre as Almas
Natureza da Conexão Espiritual

A conexão entre as almas transcende a vida terrena, estabelecendo vínculos que perduram para além da existência física. Esses laços espirituais são fundamentados em uma compreensão mais profunda da natureza da conexão entre as almas, que se manifesta através de laços cármicos e reencontros espirituais.

Vínculos além da vida

Os vínculos além da vida representam a continuidade das relações interpessoais em um nível espiritual. Os laços cármicos, resultantes das ações e interações passadas, influenciam os reencontros espirituais, proporcionando oportunidades para a resolução de questões pendentes e o crescimento mútuo das almas envolvidas.

Laços kármicos

Os laços kármicos são fruto das experiências compartilhadas ao longo de diferentes encarnações, refletindo a necessidade de aprendizado e evolução espiritual. Esses laços podem se manifestar em relacionamentos complexos, desafiando as almas a superar obstáculos e promovendo a compreensão mútua.

Reencontros espirituais

Os reencontros espirituais representam a oportunidade de reconectar-se com almas afins, buscando a harmonia e o crescimento mútuo. Esses encontros podem ocorrer em diferentes contextos e desempenham um papel significativo na jornada espiritual, promovendo a cura e a expansão da consciência.

Leitura Adicional

Para uma compreensão mais aprofundada sobre a conexão entre as almas, recomendamos a leitura do livro "Almas Gêmeas: A Jornada da Conexão Espiritual", de Maria de Lourdes. Neste livro, a autora explora de forma sensível e esclarecedora os aspectos da conexão espiritual, os reencontros e a evolução das almas afins.

Experiências de Conexão

As experiências de conexão entre as almas envolvem a sintonia e afinidade que transcendem as barreiras do plano físico, permitindo a compreensão empática e as trocas energéticas que fortalecem os laços espirituais.

Sintonia e afinidade

A sintonia e afinidade entre as almas são fundamentais para o estabelecimento de conexões significativas, possibilitando a troca de experiências e a colaboração mútua no caminho da evolução espiritual. Essa sintonia transcende as palavras e se manifesta através de uma conexão profunda e intuitiva.

Compreensão empática

A compreensão empática é uma expressão do amor incondicional e da compaixão entre as almas, permitindo a percepção e a aceitação das experiências e emoções do outro. Essa compreensão fortalece os laços de conexão, promovendo a união e a solidariedade no plano espiritual.

Trocas energéticas

As trocas energéticas entre as almas representam a interação dinâmica de energias sutis, promovendo o equilíbrio e a harmonia nos relacionamentos espirituais. Essas trocas são fundamentais para o crescimento e a renovação das almas, fortalecendo a conexão e a colaboração no plano espiritual.

CAPÍTULO 45

Busca por Informações sobre Entes Queridos Falecidos

Motivações para a Busca

A perda de entes queridos é uma das experiências mais desafiadoras que enfrentamos ao longo de nossas vidas. A busca por informações sobre esses entes queridos falecidos muitas vezes é motivada pela necessidade de entendimento e consolo.

Necessidade de Entendimento

Quando perdemos alguém próximo, é natural que busquemos entender o que aconteceu e como isso afeta nossa própria jornada. A busca por informações sobre entes queridos falecidos pode ajudar a preencher lacunas em nossa compreensão da morte e da vida após a morte. Essa necessidade de entendimento pode ser uma força motriz poderosa para a busca espiritual.

Além disso, a busca por informações pode proporcionar um senso de paz e aceitação, à medida que buscamos compreender o papel e o impacto contínuo desses entes queridos em nossas vidas. A necessidade de entendimento é uma busca por significado e conexão em meio à perda.

Consolo e Conexão

A perda de entes queridos pode deixar um vazio emocional em nossas vidas. A busca por informações sobre eles pode ser uma forma de encontrar consolo e reconectar-se com sua presença espiritual. Muitas pessoas buscam sinais, mensagens ou experiências que lhes tragam conforto e a sensação de que seus entes queridos falecidos ainda estão presentes de alguma forma.

Essa busca por consolo e conexão pode assumir diferentes formas, desde a procura por médiuns e espiritualistas até a busca por sinais e símbolos em situações cotidianas. A necessidade de sentir-se conectado aos entes queridos falecidos é uma motivação poderosa para a busca por informações sobre eles.

CAPÍTULO 46

O Futuro do Planeta Terra

Perspectivas Futuras

Ao refletirmos sobre o futuro do nosso planeta, é crucial considerar as perspectivas futuras em relação à sustentabilidade e preservação. Nesta seção, exploraremos as possíveis direções que a Terra pode tomar, levando em conta as ações humanas e a importância da preservação ambiental.

Sustentabilidade e Preservação

A sustentabilidade e a preservação ambiental são pilares fundamentais para garantir um futuro saudável para o nosso planeta. A busca por práticas sustentáveis em todas as áreas, desde a agricultura até a indústria, desempenha um papel crucial na manutenção do equilíbrio ecológico. A preservação dos recursos naturais, a redução do desperdício e a promoção de energias renováveis são aspectos essenciais a serem considerados.

Além disso, a conscientização sobre a importância da preservação da biodiversidade e dos ecossistemas é fundamental para garantir a harmonia entre as diferentes formas de vida em nosso planeta. A proteção de áreas naturais, a conservação de espécies ameaçadas e a promoção de práticas sustentáveis de pesca e agricultura são medidas essenciais para assegurar a preservação da vida na Terra.

Impacto das Escolhas Humanas

O impacto das escolhas humanas no futuro do planeta Terra é inegável. As ações individuais e coletivas, desde o consumo consciente até a formulação de políticas ambientais, desempenham um papel significativo na determinação do curso que nossa sociedade e nosso planeta seguirão. A compreensão dos efeitos das atividades humanas sobre o meio ambiente é crucial para promover mudanças positivas e mitigar os impactos negativos.

É essencial considerar o impacto das emissões de gases de efeito estufa, a poluição do ar e da água, o desmatamento e a degradação do solo, entre outros fatores, ao avaliar as consequências das escolhas humanas para o futuro do planeta. A busca por soluções sustentáveis, a promoção de tecnologias limpas e a adoção de práticas eco-friendly são passos importantes na construção de um futuro mais equilibrado e saudável para as gerações vindouras.

CAPÍTULO 47
A Preservação do Planeta Terra
Importância da Preservação

A preservação do planeta Terra é uma questão de extrema importância nos dias atuais. O equilíbrio ecológico e o bem-estar global dependem diretamente das ações que tomamos em relação ao meio ambiente e aos recursos naturais.

Equilíbrio Ecológico

O equilíbrio ecológico é essencial para a manutenção da vida em nosso planeta. Trata-se da harmonia entre os diferentes ecossistemas, onde cada ser vivo desempenha um papel fundamental na regulação do meio ambiente. A preservação da biodiversidade, a redução da poluição e o uso sustentável dos recursos naturais são aspectos cruciais para a manutenção desse equilíbrio.

Além disso, a conscientização sobre a importância de preservar ecossistemas como florestas, oceanos, rios e áreas naturais protegidas é fundamental para garantir a sobrevivência de inúmeras espécies vegetais e animais, muitas das quais ainda desconhecidas pela ciência.

Bem-Estar Global

O bem-estar global está intrinsecamente ligado à preservação do planeta Terra. As ações humanas, desde a utilização de recursos naturais até a geração de resíduos, impactam diretamente a qualidade de vida de todas as formas de vida no planeta. A degradação ambiental, as mudanças climáticas e a escassez de recursos naturais representam ameaças significativas ao bem-estar global.

Portanto, a preservação do meio ambiente não se restringe apenas à proteção da natureza, mas também está relacionada à promoção de condições dignas de vida para as atuais e futuras gerações. A busca por soluções sustentáveis e a adoção de práticas que minimizem o impacto ambiental são essenciais para garantir um futuro saudável e próspero para o planeta e seus habitantes.

CAPÍTULO 48

A Diversidade e Criatividade do Cosmos

Exploração Cósmica

A exploração cósmica tem sido um dos empreendimentos mais fascinantes da humanidade. Ao olhar para o céu noturno, somos confrontados com a vastidão do cosmos, repleto de mistérios e maravilhas. A busca por compreender a diversidade e a criatividade do cosmos tem impulsionado a exploração espacial e a pesquisa científica em busca de respostas sobre a origem e a natureza do universo.

Variedade de Sistemas Estelares

A diversidade de sistemas estelares é um dos aspectos mais impressionantes do cosmos. Desde estrelas solitárias até aglomerados estelares e galáxias inteiras, a variedade de sistemas estelares é verdadeiramente surpreendente. Cada sistema estelar possui suas próprias características únicas, como tamanho, idade, composição química e padrões de movimento. A observação e o estudo dessas diferenças têm proporcionado insights valiosos sobre a formação e a evolução das estrelas e das galáxias.

Além disso, a descoberta de exoplanetas em órbita ao redor de outras estrelas tem ampliado nossa compreensão da diversidade de sistemas planetários. A variedade de tamanhos, composições e condições atmosféricas dos exoplanetas desafia as concepções anteriores sobre a formação e a habitabilidade de outros mundos.

Manifestações Cósmicas

Além dos sistemas estelares, o cosmos é palco de uma infinidade de manifestações cósmicas. Desde nebulosas coloridas e supernovas explosivas até buracos negros misteriosos e pulsares hipnóticos, as manifestações cósmicas são fonte de admiração e perplexidade para os astrônomos e entusiastas da astronomia.

A compreensão desses fenômenos cósmicos tem desempenhado um papel fundamental na ampliação de nosso conhecimento sobre as leis da física e a dinâmica do universo. A observação e a análise dessas manifestações têm revelado insights sobre a origem dos elementos químicos, a evolução estelar e a estrutura em larga escala do cosmos.

CAPÍTULO 49

A Regeneração no Universo

Ciclos de Renovação

A regeneração no universo é um processo contínuo e cíclico, que envolve a renovação e a revitalização de todas as formas de vida e energia. Esses ciclos de renovação são fundamentais para a manutenção do equilíbrio e da harmonia no cosmos.

Processos de regeneração

Os processos de regeneração no universo são diversos e abrangem desde a renovação de sistemas estelares até a regeneração de energias sutis que permeiam o espaço cósmico. Esses processos podem ocorrer em diferentes escalas de tempo e envolvem uma complexa interação de forças e elementos do universo.

Um exemplo de processo de regeneração é a formação de novas estrelas a partir de nuvens de gás e poeira cósmica. Esse fenômeno, conhecido como formação estelar, representa a renovação do potencial energético do universo, gerando novas fontes de luz e calor que influenciam os sistemas planetários ao seu redor.

Além disso, a regeneração também pode ocorrer em escalas microscópicas, envolvendo a renovação de partículas subatômicas e a transformação de energia em suas diversas manifestações. Esses processos fundamentais mantêm a dinâmica do universo e permitem a continuidade da vida e da evolução cósmica.

Renovação cósmica

A renovação cósmica é um conceito que abrange a regeneração em larga escala do universo, incluindo a renovação de galáxias, sistemas estelares e estruturas cósmicas em geral. Esse processo está intimamente ligado à evolução do universo e à manifestação de novas formas de vida e energia ao longo do tempo.

Teorias cosmológicas sugerem que o universo passa por ciclos de expansão e contração, nos quais a renovação cósmica desempenha um papel fundamental. Durante esses ciclos, ocorrem fenômenos como a formação de novas galáxias, a fusão de buracos negros supermassivos e a renovação de matéria e energia em escala cósmica.

Além disso, a renovação cósmica também está associada à emergência de novas formas de consciência e inteligência no universo, possibilitando a evolução e o aprimoramento das interações entre os diversos elementos cósmicos.

CAPÍTULO 50
Liderança Espiritual de Jesus
Exemplo de Amor e Compaixão

Jesus de Nazaré, figura central do Cristianismo, é reconhecido por seus ensinamentos de amor, compaixão e perdão. Sua liderança espiritual deixou um legado duradouro que continua a inspirar milhões de pessoas em todo o mundo.

Ensinamentos de Jesus

Os ensinamentos de Jesus abordam princípios fundamentais de amor ao próximo, compaixão, perdão e humildade. Ele pregava a importância de tratar os outros como gostaríamos de ser tratados, de perdoar setenta vezes sete, e de amar até mesmo os inimigos. Esses ensinamentos têm sido uma fonte de orientação espiritual e moral para muitos, independentemente de sua afiliação religiosa.

Além disso, Jesus ensinava por meio de parábolas, histórias que transmitiam lições profundas sobre a natureza humana e o reino espiritual. Suas palavras ecoam através dos séculos, desafiando as pessoas a refletir sobre suas ações e atitudes em relação aos outros.

Compaixão e perdão

A compaixão era uma característica central do ministério de Jesus. Ele demonstrava empatia e preocupação genuína pelas pessoas que sofriam, curando os doentes, alimentando os famintos e acolhendo os marginalizados. Sua compaixão era acompanhada pelo ensinamento do perdão, incentivando as pessoas a liberar ressentimentos e encontrar a cura através do perdão mútuo.

Jesus exemplificou o perdão em sua própria vida, inclusive durante sua crucificação, quando proferiu as palavras: "Pai, perdoa-lhes, pois não sabem o que fazem". Essa atitude de perdão incondicional continua a ser um poderoso exemplo de liderança espiritual e inspiração para muitos.

CAPÍTULO 51
O Papel de São Miguel na Condução Espiritual
Proteção e Orientação

São Miguel é reconhecido como um guardião espiritual, uma figura celestial que desempenha um papel fundamental na proteção e orientação daqueles que buscam auxílio em sua jornada espiritual. Sua presença é frequentemente invocada em momentos de necessidade, oferecendo conforto e amparo aos que buscam sua ajuda.

Como guardião espiritual, São Miguel é visto como um protetor contra forças negativas e como um guia que oferece orientação e apoio nos momentos de dificuldade. Sua presença é associada à coragem, força e determinação, sendo invocado para auxiliar na superação de desafios e na busca por clareza espiritual.

Auxílio e Proteção

Auxiliando aqueles que buscam sua proteção, São Miguel é considerado um defensor das almas, atuando como um escudo contra influências negativas e como um farol de luz que ilumina o caminho daqueles que se sentem perdidos. Sua presença é invocada em momentos de medo, dúvida e angústia, oferecendo conforto e segurança aos que clamam por sua ajuda.

Além da proteção, São Miguel também é reconhecido por sua capacidade de oferecer orientação espiritual, auxiliando os indivíduos a encontrarem clareza em meio às incertezas e a tomarem decisões alinhadas com seu caminho espiritual. Sua influência é vista como uma fonte de inspiração e força interior, capacitando aqueles que o invocam a enfrentarem os desafios com coragem e determinação.

CAPÍTULO 52
Cidades Espirituais

Descrição e Propósito

As cidades espirituais são locais de elevada vibração e energia, que transcendem a realidade física e se manifestam em planos espirituais. Elas são espaços de luz, amor e sabedoria, onde os seres espirituais encontram acolhimento e evolução. A natureza dessas cidades é profundamente espiritual, e seu propósito vai além do que podemos compreender apenas com a mente humana.

Natureza das cidades espirituais

As cidades espirituais não se assemelham às cidades terrenas que conhecemos. Elas não são construídas com materiais físicos, mas sim formadas a partir da energia e da consciência coletiva dos seres que nelas habitam. Sua beleza e grandiosidade são indescritíveis, e sua arquitetura reflete a harmonia e a perfeição divina. As cores, formas e sons presentes nessas cidades transcendem a compreensão humana, proporcionando uma experiência sensorial única e transformadora.

Além disso, as cidades espirituais são habitadas por seres de luz, que atuam como guardiões, mentores e guias espirituais. A atmosfera desses locais é permeada pela paz, pela compaixão e pela alegria, criando um ambiente propício para o crescimento espiritual e a expansão da consciência.

Propósito e função

O propósito das cidades espirituais está intimamente ligado à evolução e ao aprendizado das almas que as habitam. Elas servem como centros de estudo, cura, acolhimento e preparação para novas jornadas. Nas cidades espirituais, as almas encontram a oportunidade de se reconectar com sua essência divina, de compreender suas experiências passadas e de se preparar para novos desafios e aprendizados.

Além disso, esses locais desempenham um papel fundamental na interação entre os planos espirituais e o plano terreno. Eles são pontos de conexão e intercâmbio entre os seres espirituais e a humanidade, possibilitando a transmissão de conhecimentos, orientações e energias benéficas para o progresso coletivo.

CAPÍTULO 53
Que eu possa possuir a humildade da gota de chuva
Lições de Humildade
Aprendendo com a natureza

A natureza é uma mestra da humildade. Ao observarmos a grandiosidade das montanhas, a serenidade dos lagos e a delicadeza das flores, somos lembrados de quão pequenos somos em comparação com a vastidão do universo. A gota de chuva, em sua simplicidade, nos ensina a importância de nos mantermos humildes diante da grandeza da criação.

Assim como a gota de chuva se une a outras gotas para formar riachos e rios, devemos lembrar que nossa contribuição, por menor que pareça, é parte essencial do todo. A humildade nos permite reconhecer que somos parte de algo maior e que nossas ações, por mais modestas que sejam, têm impacto no mundo ao nosso redor.

A chuva, ao cair, nutre a terra e possibilita o crescimento das plantas. Da mesma forma, ao agirmos com humildade, somos capazes de nutrir as relações humanas e promover um ambiente fértil para o desenvolvimento espiritual e emocional.

Exemplos na espiritualidade

Nas tradições espirituais, a humildade é valorizada como uma virtude fundamental. A figura de líderes espirituais, como Buda e São Francisco de Assis, exemplifica a humildade em sua simplicidade de vida e em sua compaixão pelos outros. Eles nos mostram que a verdadeira grandeza está na capacidade de servir e de se colocar no lugar do próximo.

Além disso, a humildade nos permite reconhecer que estamos em constante aprendizado. Ao admitirmos nossas limitações e erros, abrimos espaço para o crescimento pessoal e espiritual. A busca pela humildade nos leva a aceitar a sabedoria de outros e a reconhecer que não detemos todas as respostas.

Na espiritualidade, a humildade nos conecta com a essência divina, permitindo-nos reconhecer a presença do sagrado em todas as coisas. Ela nos lembra que somos todos iguais perante o universo, independentemente de nossa posição social, riqueza ou poder. A humildade nos aproxima da verdadeira natureza do ser e nos ajuda a viver em harmonia com o mundo ao nosso redor.

CAPÍTULO 54

A gota de chuva sente-se em paz e contente, por refletir sua luz no brilho infinito da Criação

A Simbologia da Gota de Chuva

A gota de chuva, em sua simplicidade, carrega consigo uma simbologia profunda que nos convida à reflexão sobre a paz, o contentamento e a conexão com a Criação. Neste capítulo, exploraremos o significado por trás da gota de chuva e como sua luz reflete o brilho infinito da Criação.

Paz e contentamento

Ao observarmos uma gota de chuva, podemos contemplar a serenidade que ela transmite. Assim como a gota de chuva se entrega ao seu destino, caindo suavemente sobre a terra, somos convidados a encontrar a paz interior, independentemente das circunstâncias que nos cercam. A gota de chuva nos lembra que, mesmo em meio às tempestades da vida, podemos cultivar a tranquilidade em nossos corações, aceitando o fluxo natural dos acontecimentos.

O contentamento também se faz presente na simbologia da gota de chuva. Ao cumprir seu propósito de nutrir a terra, a gota de chuva nos ensina a encontrar a satisfação nas pequenas ações e a valorizar os momentos simples da existência. Assim como a gota de chuva se contenta em cumprir sua missão, somos convidados a apreciar a jornada da vida, encontrando alegria nas experiências cotidianas e nas relações que cultivamos.

Reflexos na Criação

Ao refletir a luz do sol, a gota de chuva cria um espetáculo de cores que encanta os olhos e a alma. Da mesma forma, somos convidados a refletir a luz da Criação por meio de nossas ações, pensamentos e sentimentos. Assim como a gota de chuva refrata a luz, podemos ser canais de amor, compaixão e bondade, espalhando essas qualidades pelo mundo e iluminando a jornada daqueles que cruzam nosso caminho.

Além disso, a reflexão da luz na gota de chuva nos lembra da interconexão de todas as formas de vida na Criação. Assim como cada gota de chuva contribui para a beleza do arco-íris, cada um de nós, ao refletir a luz da Criação, contribui para a harmonia e a diversidade do universo. Nesse sentido, a gota de chuva nos convida a reconhecer nossa importância e singularidade dentro do grande tecido da existência.

Chamo-me Emerson Calejon, sou formado em Administração de Empresas, realizo pesquisas e sou autodidata em filosofia clássica e contemporânea. Sou estudante da espiritualidade e ciências humanas, possuo pós-graduação em psicologia existencial e psicanálise e tenho grande apreço pela escrita.

Já escrevi diversas obras abordando diferentes assuntos, estou agora divulgando meu novo livro chamado "John River: o início da missão".

O que mais me alegra é perceber que constantemente surgirão novas provas para superarmos e continuarmos progredindo em direção aos nossos objetivos.

Agradeço!

"Ainda que eu falasse a língua dos Anjos e dos Homens, sem Amor, eu nada seria."

"Que Deus esteja com Todos."

Editora Home
2024

Don't miss out!

Visit the website below and you can sign up to receive emails whenever Emerson Calejon publishes a new book. There's no charge and no obligation.

https://books2read.com/r/B-A-MZIIB-XXQID

BOOKS 2 READ

Connecting independent readers to independent writers.

www.ingramcontent.com/pod-product-compliance
Lightning Source LLC
Chambersburg PA
CBHW031403150726
47989CB00002B/517